I0479829

リレーションシップ・マーケティング

成功者の視点と極めるための必要条件

大いなる成功へ導くネットワーク・マーケティング・ガイド

スティーブ・トンプソン

カバーデザイン: キラー・カバーズ（Killer Covers） ニュージーランド

編集・フォーマット作成: ジョージナ・チャン－ユー（Georgina Chong-You） 米国フロリダ州

ア・パイレイト・パブリッシング社

ISBN:

978-1974532216

献辞・謝辞

ネットワーク・マーケティングでの 20 年近くの経験を通じて、この分野の多くの偉大なリーダーたちと仕事をし、学ばせてもらったことで、私は非常に大きな恩恵を受けた。彼らに対し感謝を表す最も良い方法は、おそらく私自身が今現在の仕事で、彼らの指導の成果を見せることであろう。

元来やや内気だった私にとって、MLM 業界で働くことは、ネットワーク形成のスキルを向上させると同時に、説得力を持ち人々の意欲を引き出すようなパブリック・スピーキングとそのトレーニングの技術を磨くうえでも大いに役立った。

これまでを振り返ると、私の長所の多くは、私の母、アン・レイズ・トンプソン（Ann Lathe Thompson）によってもたらされたことに気づく。他の人が無理だと言っても、母は「あなたにはできるわ」と言ってくれた。私の価値観の最良の部分は、幼少時代に母の愛と支えによって育まれたものだ。

私の良き友人でありコーチでもあるエヴァン・マネーには、私を励まし導いてくれたことに対して特別の謝意を表したい。

従来型のビジネスやネットワーク・マーケティングで私がビジネス・スキルを向上させていく過程で知り合った、多くの友人に本書を捧げる。特にアンビット・エナジー（Ambit Energy）の創設者の面々やチームメンバー、素晴らしいリーダーたちには大いに感謝している。大成を目指して何年も働いたが、私の「ビジネスの夢を実現することができた」のも、まさにこの組織においてだった。

私のストーリーをあなたと分かち合い、それがあなたの成功に役立ち続けるなら、望外の喜びである。

夢中になれ、集中せよ、そして絶対諦めるな！

成功のために！

スティーブ・トンプソン
テキサス州オースティンにて

目次

1

私のビジネスの旅

私の名前はスティーブ・トンプソン。幼少時から起業家精神旺盛だった。近所の「自転車修理」や「芝刈り」「ローラーコースターづくり」を買って出るような子どもだ。私は独自の稼ぎ方を常に探していた。おかげで良い冒険的ビジネスはないかといつも目を光らせるようになった。

私はテキサス州サン・アントニオの鉄道技師の父と専業主婦の母のもとに生まれた。家には4人の子供がいて、私は末っ子だった。父は鉄道者労働組合の地区議長に選ばれ、私が生まれるとすぐ、家族はパレスティンという東テキサスの小さな町へと引っ越しをした。小さな町の生活しか知らずに私は大きくなった。

私の両親がビジネスに携わる話しをしたことは一度もなかった。父も父方の祖父も鉄道関係の仕事に就いていたが、母の実家は過去にビジネスをしていたことがある。母の祖父は一族最後の企業家だった。私はこの間の母の実家の事情についてよく知らない。というのも、母の実家はオハイオ州にあるが、私たち家族はテキサス州にしっかり根を張って生活していたからだ。そのうえ、母は若い頃に家を離れ、第二次世界大戦で傷を負った軍人のリハビリを助けるために陸軍に入隊したので、母の家族に大きなショックを与えた。終戦のころに母は父と出会ったが、母が実家と本格的に交流を再開することはなかった。母の祖父の生き方と事業の成功が、私になんらかの影響を与えたのではなかろうかと、私はいつも考えている。

父が所属していた組合はその後、他のいくつかの組合と合併され、幸運にも父は全国本部の所属となった。15歳で人口約1万2千人の小さな町を離れて大都会へ引っ越し、4千人以上もいるハイスクールに転入したのは、私にとってカルチャーショックだった。

ヒューストンのハイスクールに通学することで、私はより大きな世界を知ることとなった。周囲がみな知り合いで誰もが支援してくれる小さな町の無邪気な環境は、人には頼らず自立し、強くなることが必要な環境へと変わっていった。 新しい視点を得て私の人生は一転した。

音楽が私の生活の大部分を占めるようになった。中学時代に地元のロックバンドで演奏し始めた私は、その後も高校から大学まで活動を続けた。大学費用を捻出し、自活するために働き、貯金しなければならなかった私は、やがてバンド活動から足を洗い、機材のセールスをするようになった。

私は15歳でとあるレストランに常勤として働き始めたが、2、3週間しか続かず、この仕事を楽しむことはできなかった。その後、洗車や点検なども行うフルサービスのガソリンスタンドに職を得たが、これは前職より気に入った。車やバイクに夢中だったので、楽しめることをして稼ぐ道を探したのだ。そこから車のディーラーの仕事に転職し、大学時代は自動車部品店で働いた。

適職を見つけよう

私は経営学士を取得して大学を卒業するのに3年もかからなかった。頭が良かったからではなく、より優れた時間管理をしつつ、時間を無駄にしなかったからである。

当時も私は車やバイクの修理などの仕事をしていた。大破したバイクを買い、修理し、塗装し直して売ることで、かなりの利益を上げるという適職を見つけたのだ。だが一つの仕事だけでは満足できなかった。

卒業後は、部品のセールスマンとして、自動車整備工場や修理工場、酪農場を訪問した。こうした経験を経て、私は自動車用品の卸売チェーンで、部品を販売店へ売る道に進んだ。会社で働くことは楽しかったが、自分のビジネスが必要だとどこかで感じていた。間もなくして、私は「不動産代理店」になるための勉強を始めたが、その過程で保険業界の存在を知ったのである。保険業界にそれほど興味を持ったわけではないが、販売後も何度にもわたり支払いを受けることができる「権利収入」というものに非常に好奇心をそそられた。

すぐに保険の勉強をすると、中でも最良の「代理店制度」を持つと見た「ステート・ファーム・インシュランス社（State Farm Insurance）」に応募した。1979年、私は24歳になるとすぐに、テキサス州の州都オースティンへと居を移し、新規代理店を立ち上げた。オースティンから南に30マイル（50km弱）ほど離れた大学に通っていたが、オースティンには一人の友人も親戚もなかった。だが、私が求めていたのは生活の質であり、何よりもテキサス中央部の丘陵地帯、テキサス・ヒル・カントリーを愛していたのである。

当初から保険業を、ボランティアの「消防士」や「救命士」、「トラビス・カントリー地区救命士委員会」のための活動などを可能にする基盤ビジネスとして、私は捉えていた。その他の奉仕団体でもボランティア活動をして、自己の教育や人間関係の構築に取り組んだ。

良いビジネス・ベンチャーがないか、いつも目を光らせよ

29歳の時、私は地元の銀行の役員に招かれ、人生の別の分野の勉強を始めることになった。それは銀行のマーケティング委員会や貸付委員会での任務に関する勉強、そして色々な会社のビジネス・景気動向の勉強だった。そこで得た知識は刺激的だったが、学んだことを応用し始めるまでは大きな力とはならなかった。

プロダクション・マネジメントに加えアーティストの育成と管理を専門に行う芸能プロダクションを始めたのは30歳の時だ。私が10代のころ大切にしていた音楽が、今度はそれをビジネスにするよう私を導いたのだ。私は愛する音楽を仕事にして稼げるようになった。音楽のマネジメントでは非常に多くのことを学び、より利益の上がるMLMの業績が実際に軌道に乗るほんの数年前まで、この世界に関わってきた。

ある親友が面白そうなビジネスの話を持ち込んできた。彼は「馬の訓練所」を所有しており、私が出資とマーケティングの手伝いをし、彼の従業員が馬を訓練するという提案をしてきたのだ。二人で協力すれば営利目的で馬を販売できるうえ、馬術ショーをして稼ぐこともできる。私は彼と一緒に、馬を買い、訓練して売り、同時に馬術ショーを開催するという、小さなビジネスをはじめた。後に、このパートナーと私はカリフォルニア州のサンディエゴで、ヨットの小さな仲介業を開くことになる。景気の低迷を注視しつつ、「レポ・ヨット・セールス社(Repo Yacht Sales)」をうまく続けた。景気が回復すると、私たちはこの事業を売り、カリフォルニア沿岸とメキシコを船で行き来し始めた。メキシコのプエルト・バジャルタにニッチ市場があると見て、すぐに「船のチャーター事業」に参入した。私たちは国際法が変更されたのを利用して、メキシコの会社登記を行った。

このビジネスでは多くのこと、特に外国企業の経営について学んだ。またしても2、3年は成功を楽しんだのだが、地元の安値競争によって私たちのビジネスは締め出され始めた。私のビジネスパートナーはメキシコに残り結婚し、いまだに企業家として食肉会社「カルネ・デル・ムンド(Carnes del Mundo)」を経営しながら、2人の子供を育てている。私は依然としてわが友カイル(Kyle)と連絡を取り合い、彼を訪ねたりしている。彼は私の冒険的な活動や起業家精神をいつも励ましてしてくれる扇動者のひとりだからだ。だがその間もずっと、私は保険、不動産投資、そして音楽マネジメント業界に留まってきた。

私のネットワーク・マーケティングの最初の経験は、ほんの片手間に携わった「ハーバライフ社(Herbalife)」の販売店としてであった。当時私は、健康やフィットネスに興味を持っており、ハーバライフ社の創設者マーク・ヒューズ(Mark Hughes)に好奇心をそそられた。夢を生きることについて語る彼の口調と、人を助けたいという情熱に惹かれ、私も同様のことができるよう、学んでみたいと思ったのだ。MLMについて何も知らなかったが、私は学び始めた。

2、3年後に、私はハーバライフを断念した。これは大きなミスだったかもしれない。だが、当時私は離婚に直面しており、妻がこのビジネスを欲しがったのだ。妻はネットワーク・マーケティングにおける仕事を十分に理解していなかったので、事業は間もなく立ち行かなくなった。当初、もう一度自分で立ち上げるつもりでいたが、ハーバライフの製品、配達の受取り、常に売っては配送しなければならないことに嫌気が差してきた。もっと良い方法があるはずだ！

それから10年というもの、やって来る話のぼ全てを検討した。ほとんどは、さらに多くの製品であり、大抵は価格が高すぎた。1996年、私は「エクセル・コミュニケーションズ社(Excel Communications)」に出会った。この会社は「長距離通信サービス」を提供していた。売るのは「サービス」であり「製品」ではない。私は飛びついた！ だが既に会社設立から8年が経過していて、参入するタイミングは良いとは言えなかった。1996年はエクセル・コミュニケーションズが最大に業務拡大をした時期だったが、私がその利益にあずかることはなかった。オーナーは、いつか「電気」の販売をすると度々話していたので、それがわれわれの原動力となっていた。電気事業は長距離通信サービスの10倍の規模であったが、エクセル社では実現しなかった。私はエクセル社とのビジネスを長い間継続し、多くを学んだ。何年もかけて6桁の年間収益を上げたが、それでもまだこのビジネスから抜け出せなかった。

「カナダ」の事業開始は私にとって大きな出来事で、新しい事業の立ち上げや、これまでとは違った人々、文化、雰囲気の中で働くことについて多くを学んだ。しかしながら、エクセル社は再度売りに出され、新しいオーナーとはしっくりいかなかったため、私は会社を離れた。案の定、エクセル社はあっという間にだめになってしまった。

もう二度と製品を売るビジネスには手を出さないと誓ったにもかかわらず、私はある「スキンケア会社」の立ち上げ初年度に参加した。新規事業の立ち上げに興味があったのだ。ここでも私は多くを学んだ。一つ大切なことを上げるなら、会社の後ろ盾を詳細に調べるべきだということだ。投資家が金を出さなくなれば、会社は後退してしまう。私が離れてから、2、3か月後にこの会社もまた消えてしまった。

ある親しい友人の計らいで私は旅行業界に携わることになった。すぐに私はうまく仕事をこなせるようになり、会社のトッププロデューサーたちが自分たちの会社を立ち上げる時に、私も彼らと一緒に行くことにした。私たちは友人であり、彼らが「*優れたネットワーク・マーケティングの専門家*」であることが分かっていたのだ。

翌年、私は彼らとともに躍進を遂げ、国内の高所得者トップ20にランクされた。私はここを離れることは絶対ないだろうと思った。ところがその後、「アンビット・エナジー社」のオーナーたちに会わないかという誘いを受けた。行って確かめなくてはならなかった。そして、そこで見たものは私の人生を変えてしまった。

もし、「ネットワーク・マーケティング」に基づいて「エネルギー業界」に参入し、適切な「マネジメントチーム」と「報酬制度」、そして「非常に強力な投資力」でうまく経営をしたなら、ビジネスの歴史でも最大級の成功を遂げるであろうことを、以前から私は知っていた。アンビット・エナジー社がまさにそれであり、私はなんとしてもこの会社に移らなければならないと感じた。1か月もしないうちに、私は旅行会社での仕事を片付け終え、完全にアンビット・エナジー社のビジネス構築に没頭していた。

より優れたやり方でビジネスすること、それが私の目標だ！

アンビット・エナジー社で夢は現実になった。私の全てのスキルに加え、懸命な努力、度重なる深夜の帰宅、タイミングの良さが重なり合って、私は経済的に自由になった。こうして19年以上にわたり、私はMLMに携わっている。中には優良企業もあまり感心できない企業もあった。しかし私は、勝者を見分け、仕事を完成させるために力を注いで、強力な行動を起こせる、経験に裏打ちされた知恵を持っていた。私は決して過去を振り返らなかった。私はかつて決断を下した。すると、人生の旅はさらに新たな高みへと私を連れて行ってくれるのだ！

あなたにも同じことが起こることを祈って！

2

富を享受せよ！

まず始めに、成功して金持ちになることを自分自身に許可しなくてはならない。簡単なことのように思えるだろうが、大抵の人は決してそうしないのだ。金持ちの家に生まれない限り、そんなことは教えられないし、期待すらされないだろう。むしろ逆のことを言われてしまう。この件についてもう少し考えてみよう。

お金と富について子どものころ身に着けた教訓はなんだろう？以下のようなことが一般的に言われているのではなかろうか。

1. 金持ちは運がいいだけだ！
2. 金持ちはみな、われわれとは違う生活をしていて、大抵は先祖代々の富を相続している
3. 金持ちの多くはどういうわけか性根が曲っている
4. 金は諸悪の根源だ。だから、金持ちは悪人に決まっている

では、成功の邪魔をするありふれたこれらの誤解を、一つひとつ検討していこう。

1. 金持ちは運がいいだけだ！

単純に「運がいい」だけの金持ちがいるのならぜひ教えて欲しい。私があなたに紹介できる金持ちは、一所懸命に働いて経済的に成功した人、

あるいは祖先がそうだった人たちだ。そして、**それ以外の金持ち**は、歴史が教えてくれるように、お金はとどまらないということを学ぶべきだ（例えるなら、宝くじの当選者はすぐにまた文無しになることなどが挙げられる）。 **富を蓄え豊かになるための唯一の方法は、個人としてより価値ある人間になり、富と引き換えにその価値を他の人に提供することである。**つまり、より価値ある人間になって、もっと金を稼ごう！ということだ。

そのためには「自己啓発」に取り組み、継続する必要がある。自分を取り巻く状況や他人をコントロールすることはなかなか難しいが、自分をコントロールする、つまり自制心を持つことは絶対必要だ。「リーダーシップ能力開発」とは、他人を指導する方法を学ぶという意味ではない。自分自身の統制を学ぶということだ。自己啓発に狙いを定め、計画を立て、その計画の実行に毎日取り組まなくてはならない。

「学校教育」は実に素晴らしい。なかでも一番優れた点は、学び方を教えてくれるところだ。学習するというスキルを人生の中で自分が選んだ旅に役立てながら、自己啓発を通じてより優れたより価値ある人間になることに取り組まねばならない。自己啓発に関しては多数の専門家が存在し、知識を惜しみなく与えてくれる。しかし、彼らは、小学 5 年生の算数の教師のように、無理やりあなたに勉強させるようなことはない。

メンター（良き指導者）は私たちにとって最も価値ある存在だ。メンターとは面識がないことも多かったが、私はそうした人々の存在を知り、その仕事ぶりをまねてきた。教える分野について知識を持っているだけではなく、人生経験や成功体験が豊かで、成果をしっかり出しているメンターを探そう。もし健康であることを望むなら、健康な人から学ぶのだ。もし、幸せな家庭生活を望むなら、幸せな生活を送っている人を観察するのだ。スピリチュアルな成長を遂げるためには、単に教えることができるだけでなく、より良い価値ある人生を築くために日々実践している人の話を聞いたり読んだりすることだ。そして、もしあなたにとって財を成すことが重要なら（そうでないなら、即この本を読むのをやめてテレビでも見た方がいい！）、**貧しい人の言うことに耳を貸してはいけない。**

このことを１日や１か月、いや１年でも習得するのは無理だろう。これは生涯をかけて学び、取り組むことだ。しかしながら、こうした教訓を得るたびに、あなたは少しずつ価値ある人間になっていくだろう。大抵のことと同じように、自分自身の啓発を最優先することが大切だ。

さて少し立ち止まって、ジョン・C・マックスウェル（John C. Maxwell）博士の重要な教えについて考察してみよう。私は長年マックスウェル博士の研究を楽しんで学ばせてもらっただけでなく、勉強を続けたお陰で私の偉大なメンターの一人である博士と個人的に知り合い、一緒に働くこととなった。自分の弱点の矯正に常に取り組むのではなく、長所を伸ばすことが大切だと博士は教えている。この言葉を初めて聞いたとき、私は衝撃を受けたが、それを良く理解できるまでに成長した。自分の長所と弱点を学ぶことが重要なのだ。何も難しいことではない。なぜなら、既に自分の長所や短所のほとんどは分かっているだろうし、知らないことは身近にいる人がすぐに教えてくれるのだから。

１から 10 までのレベルを設定し、本質的にその能力を全く持っていない場合は1を、天賦の才を持っている場合は 10 としよう。もし、あなたが 2 か 3 のレベルで、相当な努力をしたならば、数ポイント向上して 5 か 6 になることは可能だ。ところが、レベル 5 か 6 の人の元には、誰もリーダーシップを期待してやってこないから、得るものはあまりない。一方、もし元々の能力がレベル 6 か 7 で、必死の努力と訓練で 8 か 9 になったとしたら、世の中の人がみな集まって来るだろう。自分の弱点には絶対取り組むな…と言っているのではない。ただ、いつも弱点に集中することはやめるべきだ。まずは、大きな成果を生み出すものに努力を集中させることだ。

私は本来やや内気な性格なのだが、人前で話をするのが好きだ。パブリック・スピーキングの技術を向上させるために何時間も、まあ、正直なところ何年間も取り組んだ。スピーチのクラスを受講し、ディベートに一年を費やし、話術やパブリック・スピーキングについての本を読んで優秀な話者のスピーチも聞いたが、一番重点を置いたのが、自分自身が人々の前に出て、その経験から学ぶことだった。（成功への唯一の道である失敗については、後ほど話しをしよう！）

> 聴衆の前で話すのが上手な人でもドキドキすると聞くが、こうした人はドキドキする不安をうまく手なずけているのだ。

手加減せずに言おう。ネットワーク・マーケティングで最も価値ある技術の一つがパブリック・スピーキングだ。しかし、皆の前で話すことが下手でも、上手な人たちを身近に置くことで、成功を収めた人を私は大勢知っている。この点をなおざりにしてはいけない。自分を表現する能力は大変重要なので、優先課題にすべきである。私の知人の中にはこのスキルがない人々もいたが、何とかやり通し、レベル 2 からレベル 5 または 6 へと向上することを優先課題にして取り組んだ。

毎日、自己の啓発に取り組むことだ。だが、場当たり的ではならない。一日 30 分程度を訓練のために確保すれば、取り組むごとにあなたの人生は向上していくだろう。面倒だと思って始めるかもしれないが、やがて熱中するようになる。何かに夢中になれる性格なら、苦にはならないだろう。

2. 金持はみな、われわれとは違う生活をしていて、大抵は先祖代々の富を相続している

ではここで、あなたの一家の富について少々考えてみて欲しい。なるほど、じゃあ、あなた自身が金持ちになることから始めようではないか！良いニュースは、**あなたは金持ちになれる**ということだ。しかしながら、それは運が良いからでも遺産があるからでもないし、周りの状況のせいでさえない。それはあなたの大変な努力、しかも頭を使ったスマートな努力によるものだ。人は「恵まれた環境」に生まれなかったという理由だけで、諦めてしまうことがあまりにも多い。だが、金持ちでも大抵の場合、恵まれた環境だったわけではない。彼らは金持ちになろうと明確な意思を持ってそうなったのだ！

私は人生において良いスタートを切った。父は鉄道関係の仕事をしており、熱心な取り組みと非常な努力によって、その後、労働組合の指導的立場になった。父はほぼ 50 年もの間、同じ仕事に就き、必要な技術を習得した。だがそれでも、父は自分の時間をお金と引き換えにしたのであって、このようなやり方で金持ちになることはめったにないのだ。ハンバーガーショップで 1 時間数ドルを稼ぐのも、外科医として何千ドル稼ぐのも同じことだ。つまり、経済的自由を得るためには、単に働く時間が問題なのではない。

自分の弱点を常に克服しようとするのではなく、長所を伸ばすよう取り組むことが大切だ。

経済的自由とは、全ての経費を払い、慈善団体に寄付をし、興味あることを楽しみつつ、お金のために働く必要がないことだ。これは巨額な金を持っているということではない。それはあなたが働かなくてもお金を生み出すビジネスかシステムを所有することを意味する。経済的に豊かになればなるほど、お金も増え、チャンスも増える。

このテーマを扱った良書にスティーブ・シーボルド(Steve Siebold)の『金持ちになる男、貧乏になる男』(原題 “How Rich People Think”) がある。これらの本をただ読むだけでなく、良く学ぶことを勧める。なぜなら、富を研究することに人生を賭けた金持ちによって書かれたものだからだ。繰り返すが、自分のメンターを選ぼう。

では、富は本当に重要なのだろうか。人生において、あなたの所得が家族の状況を左右するのは紛れもない事実だ。それによって、住む場所、子供の通う学校、付き合う人や手本とする人が決まる。この世の誰もが、金持ちの両親を持っていたらどんなに素晴らしいことか。もしそうでなくても、子どもが金持ちになれない理由はないのではなかろうか？子どもに何でもかんでも与えよと言っているわけでなく、少なくとも人生において有利なスタートを切らせたいとは思わないだろうか。幸いなことに、それは「あなたにもできる！」のだ。

3. 金持ちの多くはどういうわけか性根が曲っている

恐らくギャング映画の見すぎだろう。この種の映画は世間で大変人気がある。世界をより良くするために、日夜努力する人の話よりも、強盗やコソ泥を働く者の物語に、どうしてこんなにもたくさんの人が魅かれるのか不思議だ。ハリウッドにしてみれば、単にワクワクした話にならないからだとは思うが。

では、ここで現実を正しく見ておこう。この種の映画でも、最終的に悪人は死んだり刑務所に送られたりして終わる！人生も同じだ。ただし多くの場合、刑務所送りというよりは、労せずに得た金を失うことになる。不正をして富を得た者は、それを維持するスキルがないため、持つべき人の所へと富は逃げてしまうのだ。あなたがしがみつく中所得者層より、あなたが出会う金持ちたちは、より多くの価値を社会にもたらしている確率が高い。金持ちになるということは、より多く働き、より多くを学ぶことだ。**富はおとなしい人間や怠惰な人間のものではない。そんな風に後ろ向きの人々は、引き寄せの法則で生きておらず、むしろ反発している。**

「利益」という言葉が否定的な意味で使われることもしばしばある。そもそもビジネスの目的とは、オーナーあるいは株主のために利益を上げることであるにもかかわらず、人は時に利益という言葉を非常に否定的な意味で使うことがある。私は労働組合員の家庭で育った。周囲には、会社が労働者の重労働によって利益を上げるのを、まるで悪いことであるかのように言う者もいた。だが、オーナーはビジネスに投資することで職を生み出してもいるのだが、それでも多くの人はその活動をねたむ。どういうわけか、彼らは収入や職、雇用者や社会に対する補助を求めるが、それらを対価なしに得られると思っているようだ。

今日の政治事情では、自らリスクを負って利益を得た富裕層から利益を回収して、チャンスを活かさなかったり、自分の資金を投資しなかったり、職を創出し経済的改善をしなかった人々に、その富を与えよと多くの人が主張する。こうした主張をする人々は、そんなプロセスを繰り返すことを富裕層に期待しているのだろうか？成し遂げたことに対して報酬を受ける。それ以外に道はない。

富を不誠実と同義とみなすことは、富を蓄えられるような仕事を自分でしようとしない人々が良く使う言い訳だ。成功を手にする秘訣はある。**金銭的に成功することは可能だが、その秘訣はタダではない。**

4. 金は諸悪の根源だ。だから、金持ちは悪人に決まっている

まず、史上最大の名作である聖書を間違って引用しないようにしよう。聖書は「金銭を崇拝することは悪だ」と教えている。理解すべきは、お金があれば「善人」はより善良になる、ということではなかろうか？図書館も、フードバンクや大学も、医学の飛躍的進歩も、そして全ての善意の寄付も、そこから発生している。そう、お金なのだ！世界の最富裕層のほとんどが、最も情熱を感じていること、つまり慈善活動に莫大な時間を費やしている。彼らが自分のお金を寄付するのには理由がある。なぜだろうか？金持ちは欠乏ではなく、豊かさに関心を向けることを知っているからだ。

欠乏でなく豊かさを賛美せよ！

私たちの大部分の考え方には大きな変化が必要だ。社会の大半、そして政府さえもが頻繁に、欠乏や不足という概念に立っている。無くてもやって行けるものはなんだろう？やって行くために、切り詰められるものはなんだろう？厳しい折に家族が何とか生きるには、何をあきらめればいいのだろう？ しかし、良い知らせがある。犠牲にするもの、削るものは、「何もない！」ということだ。

無駄遣いしろとか収入に見合わない生活をしろと言っているのではない。このことに関して、後ほどまるまる１章を割くことにする。私たちは豊かな世界を既に享受しているという意味だ。事実、生活で欲しいものや必要なものは何でも入手可能だ。単にルールに従えばいい。つまり、より大きな価値を提供し、より多くを受け取るのだ。より価値のある人間になれば、より多くのお金を引き付けることになる。いったんこのような生き方を受け入れれば、それは簡単なことなのだ。

> お金を引き付ける人へとあなたを啓発する素晴らしい本があるので、ここでもまたいくつか紹介しよう。最良の一つは、おなじみのナポレオン・ヒル著『思考は現実化する』（原題“Think and Grow Rich”）だ。私はロバート・キヨサキの信奉者で、『金持ち父さん　貧乏父さん』（“Rich Dad, Poor Dad”）をはじめとした著作の熱狂的ファンである。時間を割いてこうした名著を読めば、今までとは違った考え方を学ぶことができるだろう。だが、必要なのはそれを行動に移すことだ！

多くの人が富を手に入れることを願ったり、夢を見たりする。だがこうした人々は富を引き付けるルールを知らないか、またはそのルールに従わないでいる。何もせずに何かを欲しがるというのでは、夢だとしても真っ当とは言えない。怠けていては、富は手に入らないということを心に刻んで欲しい。だが、勤勉さだけが鍵ではない。

スマートに働けと私たちは言われてきたが、ほとんどの人がその本当の意味を分かっていない。壕を掘るのは大変な仕事だが、１日作業しても地面に穴ぼこ一つしかできない、という言い草を私は聞いたことがある。そんなことを一生続けたら、墓はできあがっても人生は失敗だ。ではどうすればスマートに働けるのだろう？

私は「権利収入」の大いなる信奉者だ。一度仕事をすれば、何度も支払が受けられる。この概念に若くして出会った私はラッキーだった。それが私の人生を変えたのだ。マルチ・レベル・マーケティング（MLM）を知った時、少ない元手で巨額の取引を可能にする「イクストリーム・レバレッジ」と「権利収入」の完璧なコンビネーションを発見したのだ。その通り。あなたも、まさに人生を変えるような発見をしたところだ。だが、発見しただけでは不十分なのだ。

3

まずは、懸命に取り組む意思を持て！

古くからのことわざに「金を稼ぐか、できない言い訳をするか」というのがある。また、私の良き友人で『Take Action Now!』(今すぐ行動を起こせ！)の著者であるエヴァン・マネーは、次の言葉をよく口にする。

「億万長者になるか、なれない言い訳をするか」

比喩として用いる「壕を掘る＝重労働」ほどではないが、大金を稼ぐのは実際にきつい仕事である。気が休まる時間は全くない。常に気にかけねばならず、ビジネスとプライベートの境がほとんどないのだ。最も重要なのは人との関係性を築くビジネスだということで、その関係性は絶えず育まれていくものである。電話やテキスト・メッセージの受信音が鳴ったりすれば、オフの状態からすぐにビジネスモードに突入できるよう、いつでも準備しておく必要がある。私たちのビジネスを知らない人から「なぜ昼夜関係なくいつでも組織のトップリーダーからの電話を受けるのだ」とよく尋ねられる。

第一に、「いつでも力になるよ」と私が言うときは、本気でそう言っているからであり、第二に、人を助けることで私は富を得ているからだ。もう少し分かりやすく説明しよう。

ネットワーク・マーケティングには「営業時間」はない。もちろん、私だって休みを取るし、電話に出なかったり、テキスト・メッセージに返信しなかったりするが、決定的な重要性を持つ時間帯にはきちんと対応する。知っての通り、大抵の人が午前 8 時から午後 5 時までの間で働いている。私たちの「チーム」メンバーのほとんどはパートタイムで働いており、つまりこの間、自分の時間を引き換えにして生活する金を稼いでいるのだ。だから、彼らが働いている間は、こちらが休みを取る時間となる。

午後 5 時過ぎ、このビジネスに携わるなら素早く行動に移れるよう準備しなければならない。この時間帯は MLM のリーダーが一番必要とされている時間だ。夜と週末は通常一番忙しい。だが幸いなことに、本当に猛烈に働いて過ごす時間は数年で終わり、それから先は、**一生、人生の休暇を楽しめるのだ！** そんなことはしたくない？ それなら MLM で小さく稼げばいい。「高所得者」リストに載る夢はあきらめ、今の仕事をしながら、ネットワーク・マーケティング・ビジネスでちょっとした小遣い稼ぎをするのがいいだろう。これは大抵の人がしていることで、何も間違っていない。だが、今とは全く違ったレベルへと上り詰めたいからこそ、あなたはこの本を読んでいるのではないのか。だが、そのためには通らねばならない道がある！

正しい道を進んでいるだろうか？自分自身に問うて欲しい。

- ビジネスの正当性を証明するための三者通話と契約を成立させるための通話を何回しているだろうか？
- 週当たり、何回プレゼンテーションを自分でしたり、補佐として行ったりするだろうか？1 週間に電話会議をする回数は？
- 「土日のトレーニング」に参加する頻度は？
- ダウンラインの会員獲得や「報酬プラン」にこだわらず、どのくらいの時間を人のためにベストを尽くして使うことができているだろうか？
- 成功の手がかりを見つけるために、人と会う約束をし、待ちぼうけを食わされても、どれほど積極的に出かけられただろうか？

次の章ではより大きな成功を手中にするために必要な要素について、
さらに具体的にお話ししよう。

4

失敗の積み重ねが頂点へと繋がっている！

人々がこのビジネスをしたがらない、あるいはすぐにやめてしまう第一の理由に「拒絶されることへの恐怖」がある。なぜだろうか？私たちの多くは次のように言われて育っている。

- そんなことはするな！
- 手に入れるなんて無理に決まってる！
- そんなことできるわけがない！
- 単純に「ダメ！」

そんな風に言われるのは皆、嫌である。誰だって否定されたり、拒絶されたりしたくない。失敗したい人間などいないのだ。だが、最も重要な成功への教訓をここで述べよう。

成功への道はうまくいくことばかりではない！　失敗を積み重ねなければ到達できないのだ！

自ら進んで拒絶や失敗に直面することを繰り返し学び、それを学習プロセスの一部として積極的に受け入れなければならない。結局のところ、失敗から学べば、それは真に失敗したことにはならない。次のような決まり文句を聞いたことがあるだろう。

「ホームラン王」はホームランよりも「三振」した数が多い。バスケットボ

ールのスター選手が失敗したシュートの数はゴールの数を上回り、「偉大な発明家」は何度も繰り返し失敗を味わうが、最終的に電気、医薬品、手術法、技術的進歩をはじめとするありとあらゆる素晴らしい恩恵を世にもたらすのだ。

次に、ノーと答えた人たちはあなた自身を拒絶しているのではなく、提供した製品やサービス、あるいはセミナーに対してノーと言っているのだ、と気付かなければならない。また、完全否定の「ノー」ではなく、「今はダメ」とか「十分な情報が無いからダメ」という場合もよくある。個人的な拒絶ととらえてはならない。長年 MLM に携わってきた経験から言えるのは、間違った対象に何を話しても正しく理解されないということだ。

ゆえに、前進あるのみなのだ。

MLM で最大の転機が私に訪れたのは、間違った対象者に時間を割き過ぎるのをやめたときだった！

誰もが目指す道ではない。実際のところ、ほとんどの人間には関係のない話だ。誰でも成し得ることは確かだが、大抵の人は実践しないのだ！間違いなく成功を手に入れたいという強い思いがあり、手に入れる確信も、そしてたぶん手に入れるための熱意も十分ある。それでも、ほとんどの人は「ノー！」と拒絶するのが現実だ。

どんなにこのビジネスに長けていても以下のことは免れない。

- 声をかけた人のうち 8 割の人は見向きもしないだろう

- 「考えてみよう」と言った人の半数は、実際にはそうしてくれない

「考えてみよう」と言って説明会に参加してくれた人のさらに半数しか、加入という次のステップに進もうとしない。

とはいえ、1 日に 2、3 人に声をかけるよう「チーム」に対して指導すれば、パートタイムで働くメンバーにもなんとかなる人数だ。つまり、少なくとも週 10 人につき 2 人は「考えてみよう」と言い、そのうちの一人は実際に話を聞いてくれることになる。2 週間ごとに新しい「レプレゼンタティブ」を獲得して、自分のダウンラインに加え続ければ、並外れた成功を手にするだろう。そう、失敗を積み重ねて、成功へ至ったのだ！

5

他の人が失敗を受け入れられるように力を貸そう

極めて重要なことは、拒絶や失敗への対処を自分自身がマスターするのはもちろんだが、非常に優秀な「チーム」を作りたいならば、あなたが関わる全ての人に同じことを教えなければならない。基礎を何度も繰り返し教えることを私は大いに支持する。実際、基礎を身につけることはあらゆることに役立つので、何度聞いても十分ということはない。そして、拒絶にどのように向き合い対処するかを理解するのは、その中でも非常に重要な課題だ。

私たちの業界には、このビジネスがどれほど素晴らしいかや簡単であるかといったポジティブな面についてだけ話す傾向があり、それは確かに事実だ。しかし、現実についても教える必要がある。あなたは既に現実的な数字を知っているのだから、新しいビジネス・パートナーにはそれを必ず教えることだ。プレゼンテーションでネガティブな話をしろと言っているのではない。ビジネスの現実をそのまま肯定的に受け入れるのだ。

私はこのように伝えたい。「万人向けのビジネスではない」「普通のビジネスではないが、成果も月並みではない」「時には、豚に念仏猫に経ということもある」「だが、このようなチャンスが巡ってくるのを願い、待ち望んでいる人が何百万もいるのだ。このチャンスを共有することは、あなたの経済的生活を永遠に変えるだけではなく、何千人もの生活を変えることにもなる」

新規加入メンバーが初めてのセミナーに参加する時、私は「拒絶についての話」をする。ミーティング時に加入した場合、すぐに彼らに伝えるのは、プランニングとトレーニングのセッションを終えるまでは MLM の話を他の人に持ち掛けないようにと言うことだ。

フォークリフトの例え話をしよう。もしあなたが物流倉庫の所有者で、新人を雇ったばかりだとする。その時、「おい、今朝は君が一番乗りなら、フォークリフトに飛び乗って、そこらにある荷物を片付け始めてくれよ。どうすればいいか分かるよな」などと言わないはずだ。どんな仕事であれ、最初に計画を立ててからスタートさせるものだ。私たちが必ずプランニングのセッションをするのはそういう理由だ。

指導や教えを守る人間であれば、人にアプローチする方法や一番良い結果を出す方法を、ちゃんと教わることができるのだ、ということを気づかせよう。そして常に思い出して欲しいのは「ポジティブな質問をすることで、ポジティブな結果がついてくる」ということだ。

ネガティブな話は避けよう。さまざまな問題も含め、**どんなことでもポジティブな面について話すことだ**。そう、どんな問題でも、なんらかのチャンスなのだ！一緒に働きたくない人間には 2 種類あるが、それは怠惰な人とネガティブな人だ。怠け癖はほぼ治らないし、ネガティブな人には誰も近寄りたくない。私の偉大なメンターの一人、エクセルコミュニケーション社のチャック・フーバー（Chuck Hoover）の言葉をいつでも思い出す。人がネガティブな対応をしだすと、彼は自分の足元を見て「あぁ、私にもまだ足があって良かったよ」と呟いてその場を立ち去るのだと言っていた。

私はこれまでにたくさんの人が、ネガティブな人の考え方を変えようとするのを見てきた。このビジネスについて疑問を呈する人のことを言っているのではなく、真にネガティブな人のことだ。通常その試みはうまく行かないが、もしなんとかなったとしても、ネガティブなビジネス・パートナーを抱えてしまうことになる。それは組織全体に悪影響を及ぼすのだ…。

だから、どれほどの頻度で拒絶されるかについて、しっかり復習してみるのも悪くない。結局のところ、「真理はあなたを自由にする」のだ！この問題について考え過ぎてはいけないが、拒絶を受けるのはプロセスの一部として普通なのだということを、新人のレプレゼンタティブが理解しているかどうか確認しておく必要がある。一つの「イエス」を取り付けるまでには、大量の「ノー」が発生する。これは法則の一つであり、そのことをしっかり受け止めて、ビジネスを構築するのだ。

では次に、失敗への恐れについて話をしよう。自分が成功するなんて信じられないから参加しないという人が多いことや、失敗するかもしれないことに大抵の人は手を出さないことを良く承知する必要がある。うまく走れなければ、人はレースに参加しない。上手に歌えないなら、自分だけでなく周りもその歌を聞きたいとは思わないだろう。だが、リレーションシップ・マーケティングでは、システムに従っていれば成功できる。あっという間に成功する人もいれば、長くかかる人もいる。10 年以上この仕事をやり続け、苦労が報われるような大きな成功を手に入れた人に、私は数多く出会ってきた。だから、あなただって成功できないはずがない。

恐怖にとらわれている人が、あなたの「支援する」という約束をあてにして入会しても、こうした人はもともと失敗する恐怖にとらわれやすいので、やめるリスクは非常に高い。そこでまずは、彼らが活動をスタートしたら一緒にやってみることだ。それだけで、彼らを失敗から大いに守ることになる。少なくとも、あなたが痛みを共有すれば、彼らが失敗の恐怖からビジネスをやめることはなくなる。それから、なんらかの障害がありそうだと感じるたびに失敗への恐れは何度でもぶり返す、ということは知っておくべきだ。

ビッグになり、大胆になり、偉大になれば、強大な力が助けてくれるのだ！

金を稼ぐか、できない言い訳をするか。どちらかしかないのだ！わが家の立地場所のせいで、私は自分の会社の顧客にさえなれない。だが、私はこの難題を受け入れ、今では顧客ではないのに、何百、何千もの顧客からの利益に対して支払いを受けるまでになった。困難な課題は、同時に非常に大きなチャンスを必ずもたらす。どんなコインにも表と裏がある。だから挑戦し続けるのだ！

要するに、誰もが恐怖、とりわけ、失敗への恐怖に対処しながら毎日を暮らしている。あなたは自分の恐怖をコントロールするだけでなく、他の人も同じようにコントロールできるよう、力を貸さなくてはならない。

6

さらなる成功へのステップ

大数の法則

大数の法則というものを、誰もが耳にしたことがあるはずだ。しかし、多くの人はこの法則を破ったり、避けることに時間を費やす。だが、これは法則なのだ。運や状況によって一時的にごまかすことはできるかもしれないが、再びその法則の影響を受けるようになる。では、数についての話をしよう。

前章で論じたように、成功を収めるには数多くのメンバーをリクルートしなくてはならない。幸いにも多くの人は最後には理解して法則に従って行動するが、そうでない人は挫折してしまう。しかし、単にやり遂げる以上の成果を望むなら、数々の秘められた法則に従わなくてはならない。

金を稼ぐか、できない言い訳をするか。どちらかしかないのだ！

セミナーに関心を持つ人がほんの20%であるのと同様に、加入者のわずか 10～20%しか良い成果を出さない。この数字だけを見れば悪くはないし、実生活のあらゆる分野において標準的な値だ。教会の会員はたくさんいるが、実際教会のために何らかの働きをしている人はわずかである。高等教育を受け、進学する人は多いが、修士号や博士号などの学位を取得する人は少ない。そして何よりも、世界を良くするため、それどころか自分自身を良くするためにさえ、受けた教育を活用しているのは、ほんの一握りの人間だけだ。ジム・ローン（Jim Rohm）は言う。「そういうもんさ。それを変えることはできないのだから受け入れて生きて、変えられるものに集中し続けるんだ…そう自分自身にね！」

本書は、非常に大きな成功を手に入れたいなら絶対従わねばならない秘められた法則や継続の法則について論じる。単純に述べると「大数の法則」はあらゆる物事を貫いているということだ。

チームが大きくなればなるほど、あなたはこの法則に忠実に従う必要がある。そして、多くの人が加入しても、成果を出すのは限られた人間だということに気づくだろう。だが、利益を出す人間をチームにもたらすのは、時として利益を出さない人間だったりする。不思議に感じることだろう。多くの場合、「片手間のレプレゼンタティブ」が、「平凡なレプレゼンタティブ」をリクルートし、さらに彼らが新しいメンバーをリクルートして着実に「平凡なレップ」のチームを形成していく。下手な鉄砲も数を撃てば当たるし、「ネットワーク・マーケティングの花形」をメンバーに取り込むのも「平凡なレップ」なのだ！ただし、こうした平凡なメンバーには、あなた個人の時間を割かずに、グループの時間を活用しよう。

もう一度言うが、私のキャリアにおける最大の転機は、間違った対象者に時間を使い過ぎるのをやめたときに訪れた。それがどんな人たちか想像できるだろう。つまり、あなたは成功してもらいたいと思っているが、本人にその気がない友人、あなたが非常に有望だと思っているが、理解力が乏しく指導が不可能なメンバーやレプレゼンタティブ、入会した途端に時間を割いて欲しがるが、それに値するほど仕事をしない多数の人たちのことだ。

私の会社のように優良な企業のほとんどは、過去全ての活動記録をたどることができ、特に実績と架空の業績とを選別できる専門部署を有している。真に高い生産性を持つのは誰かを、常にモニターしなければならない。最終目標は可能な限り、多くのチームを牽引するランナーと共に走り、時間に余裕がある時には普通のメンバーと歩いてもいいが、決して誰かと一緒にベンチに座って休んではならない。日夜、リーダーシップの素質のある人を発見して接触し、そうした人を支援して指導すべきだ。自分の「チーム」でリーダーシップを確立できたら、全ての経済的成功は黙っていてもついてくる。

72 時間ルール

私は「72 時間ルール」を採用している。少なくとも 72 時間ごとになんらかの成果を上げているレプレゼンタティブには、自分の時間を割いてもいい。新米レップ加入して数日で初めての顧客またはレップを獲得した場合も、あなたの助力が必要だろう。その後、彼らが昇進して、またすぐにメンバーをリクルートしたとすれば、一躍チームのリーダーだ。だが逆に、昇進してから何日も、何週間も、何か月も「みせかけ」だけで時間を無駄に費やしたら、つまり、以前に収めた成功のみで、見込み客を連れて来たり、新しいメンバーをリクルートしたりせずに姿を現したら、彼らは仕事に行き詰っており、リーダーとしては役に立たないかもしれない。

では、ちょっと立ち止まってこのことを話そう。極めて優秀なリーダーを除き、あるレベルに達すると皆頭打ちになるものだ。その時は休息を取るのではなく、昇進へと導いてきた促進活動をストップさせるのだ。そうすれば、彼らの関心はマネジメント・モードへと切り替わり、自分のダウンラインがビジネスを成長させてくれることを期待するようになる。

皆が知っているように、リーダーは先頭に立たねばならない。だから、働くのをやめたり、リクルートするのをやめたり、プレゼンテーションに見込み客を連れてくることや顧客を集めること、そして新しいリーダーを見つけることをやめたりしたら、「チーム」も大抵の場合それに追随し、ビジネスの成長は止まってしまう。もしかすると、あなたがビジネスに求めるものはその程度だったのかもしれない。

「チーム」に対するリーダーシップを確立できたら、全ての経済的成功は黙っていてもついてくる。

誰かが昇進したときに電話して、祝福の言葉を伝えることは、リーダーシップを大いに発揮することになる。時として人はお金よりも承認される方が、いっそう一所懸命に働く。だから最も効果的と思える場面で、その人を認めていることを示そう。

お祝いの短い電話をかけて、彼らに今こそさらなる人材のリクルートとビジネス構築のチャンスだと気づかせよう。これまで以上に多額の所得を稼ぎ、「経済的自由」に近づくための好機が今なのだ。業務報告書があるなら、それを注意深く見るといい。多くの人が、祝福の言葉を電話で伝えた直後に行動を起こしているはずだ！

繰り返すが、私は「片手間のコンサルタント」を助けるなと言っているのではない。個人的な時間を割くのではなく、グループの時間で支援するということだ。

成功を目指し進む上で最も重要なことは、数々の行動を直ちに起こし、そして、持続して取り組むことに尽きる。このテーマを扱った卓越したベストセラーがある。私の愛読書の一つであり、私だけでなくチームのメンバーの多くが助けられてきた本だ。エヴァン・マネーの『Take Action Now!』(今すぐ行動を起こせ!)をぜひお勧めする。

エヴァン・マネーが示すのは、今すぐ行動するための非常に分かりやすい行動計画だ。莫大な時間を計画の立案や構想に使う必要など全くない。いったん自分のゴールを定めたら、重要なのは「行動計画」を作り、ゴールに向かって頑張ることだ。世界中のあらゆる知識のみでは、経済的な成功にたどり着けない。人生を劇的に向上させるのは、「数々の行動」のみである。

あなたにできる最も重要なことは、自らのゴールに向かって、今すぐそして毎日、行動を起こすことだ。

7

次のイベントへの期待を盛り上げる

MLM のエキスパートをよく観察すると、誰もが次のイベントを盛り上げようとしているのに気付くだろう。それが手掛かりだと私は考える。イベントはコンサルタントの信頼を築き、成功しようという気持ちを強くするものだ。一つ一つのイベントがビジネスと会社の成長に影響を与える。わが社の場合、最大のイベントは全国大会だ(この原稿を書いている時点で、会社の拠点は数州にしかない)。大会から 2、3 か月のうちに、当社の年間売上の 3 分の 1 以上が計上される。全国大会からの売上は、この大規模イベントとその前にそれを盛り上げるために行われたいくつかのイベントのやり方に極端に左右される。あらゆるネットワーク・マーケティング会社に当てはまる現象だ。この事実を知れば、イベントが MLM にとっていかに重要であるか理解できるだろう。

私はコンベンション型の人間ではない。保険業界出身だから、ミーティングやコンベンションのたびに、戦々恐々としていた。私は自らの意欲で先へ先へと取り組む、行動重視型の人間だが、大抵の人はそうではないことに気付いた。ほとんどの人は次のイベントまで待ちきれず、イベントこそが最も重要なものだと捉えてしまうのだ。それが分かると、これも私のビジネスの推進力となった。MLM では自分を中心に考えてはいけない!MLM は他の人を支援するものであり、成功したいなら、次のイベントを盛り上げることに自らのビジネスを集中させるべきだ。

次のイベントとは文字通り次に開催されるイベントだ。1 年を通して全国大会という最大のイベントについて、私たちは話し合いをするが、同時にリーダーとして、多数の小さなイベントの開催に焦点を合わせて計画もする。こうした小さなイベントが大きなイベントにつながり、そしてそれが大イベントへ、さらにそれが**大成功**へとつながるのだ!そんな努力をしているにも関わらず、イベントに姿を現すレプレゼンタティブはどの会社でも多くても5%程度に過ぎない。なぜなのだろう？それは彼らが「ある事」を知らないからだが、それを今からあなたに教えよう！

人間には結束するという性質がある。誰でも勝者が好きだが、イベントというのは勝者の、そして勝者になりたいと思う人たちの集まりなのだ。人生は恵みでもあるが、厳しくもある。人生において、独りでできることは限られている。だが、私たちが「チーム」として結束すれば、山をも動かせるのだ！これこそが、上手に企画されたイベントの底力だ。イベントへ参加すれば大きく前進できるが、もしあなたがイベントを盛り立てて指揮できれば、大変な成果を得るだろう。

大抵の人はお金というよりも承認される方が、より懸命に働くのだ。

ワクワク感満載の大掛かりなグループ・プレゼンテーションを活用せずに、高度成長型のダイナミックで刺激的な大規模ビジネスを構築した人はいない。1対1のプレゼンテーションは重要であり、2対1のプレゼンテーションは成功につながる。ホームミーティングは成功に不可欠な要素であり、新しいコンサルタントのビジネス立ち上げの場合は特にそうである。上手くやれば、こうした手法は全て大きなグループ発展につながり、企業案内ではオポチュニティ・プレゼンテーションと呼ばれることもある。

わが社では、会合でのプレゼンテーションやトレーニング、会話の最後に、次のイベントについての話しをする。目標がないと、正しい方向へ進むことは難しい。次のイベントが次の目標になるのだ。次回のイベントが開催されるまでに、次の昇進レベルや売上ノルマをクリアできそうな人と話をしたり、その件について言及したりすることで、彼らが目標を達成して、次のイベントで表彰されるようにと考えてのことだ。**大抵の人はお金というよりも承認される方が、より懸命に働くのだ**、ということを決して忘れてはならない。

訳が分からないと思う人もいるかもしれないが、こうした承認への欲求が人間の行動原理の一つで、納得するしないに関わらず不変の事実だということは理解できるのではないだろうか。会合や座談会の一部に必ず称賛の時間を組み込もう。これは非常に大きなモチベーションになるからだ！

会社がイベントを開催する時は、そのイベントのリーダーになれ。自発的に取り組み、チケットを早期に購入し、前もってチームのためにチケットを購入するのもいいだろう。イベントのサポーターだという態度を見せれば、「イベントリーダーのポジション」に就くようになる。会社のイベントでは、いくつものチーム・グループに分かれてはいけない。全員が一つの「コーポレート・チーム」なのだ。会社全体で結束を育み、リーダーシップの協力体制が確立する。とはいえ、自分のチームのために少しは活動したいと思うのは当然だろう。

予定されている各種イベントの日程をじっくり確認して、あなたとチームが特別な催しができるような空き時間がないか調べるのだ。レセプション・パーティー、ハッピーアワーの集まり、リーダーたちとのディナーや主な集会など、小規模なものでも構わないが、メインイベントに食い込まないよう注意すること。多くの人が会社のイベントでそれぞれの「チームの誇り」をアピールするために、独自のシャツや色を使う。だがチームの誇りを表現することは、協調性というよりはともすれば排他的な印象を与えやすいことを知る必要がある。チームの個性をアピールしたいなら、襟につける小さな飾りピンのようなものがいいだろう。そういった物なら見れば分かるが、鼻に付くことはない。

参加の大切さを力説することだ。いや、イベントに行くよう強要すべきだと言っているのではない。強要するようなことはしてはいけない。プライベートをどうするかは個人の自由であるが、イベントに参加する人たちはビジネスでも優秀だということが判明しており、注目に値する人たちと一緒に過ごすべきだと分かっているのだから、「グループ・イベント」や「プレゼンテーション・トレーニング」をサポートし参加してくれた人たちと共に、プライベートな時間の大部分を過ごすのは、ごく当然のことだ。参加を促すことで、簡単に優秀な人物を見分けることができる。

チームのメンバーには、いつでも最前列に近い場所に座るべきだと教えよう。前方に座る人は、より多くを見ることができると同時に、より多くの人から見られ、より多くを聞き、そしてより多くを学ぶ。**「莫大なお金は部屋の最前列で作られる」と言われるゆえんだ。**早く着くこと、廊下で群れていないで部屋に入ること、部屋の後ろに立たないことも、同じように重要だ！

大きなイベント後の最初のチャンスとしては、イベントのまとめを発信し、その成果を強化するために電話会議やオンラインセミナー、ライブ・イベントなどを行うことが重要だ。当然ながら、次のイベントに向けた話し合いと準備を始めよう。

8

ソーシャルメディアを使う

私はソーシャルメディアの達人ではない。素晴らしい本がたくさん出版されているが、お気に入りは現役のネットワーカーである、ウェス・メルシェール（Wes Melcher）著の『Net-Easy-Marketing』（ネット・イージー・マーケティング）という本だ。何をもって「イージー（簡単）」とするのかは分からないが、彼は現代の最先端ツールをビジネスに最大限活用するためにはどう使えばいいかをとても上手に説明している。私が間違いなく知っているのは、MLM と同じく実証済みのルールを使えということだ。

何かを売り込むために、フェイスブックやツイッターなどを用いてはいけない。これらはブランド名を高めるために、そして何よりも、自分のネットワークを作るために使うのだ。もう一度繰り返すが、このビジネスはリレーションシップ・マーケティングであり、人間関係の構築が最優先だ。ソーシャルメディアを使うと過去には決して経験できなかったような人間関係を築くことができる。実際、どんな昔の友達でも見つけられない人はなく、新しい友達との付き合いは、コメントや写真、メッセージを掲載すれば済む。だが、ソーシャルメディアを単に楽しむだけのものと考えてはいけない。

目覚ましい速さで成長を遂げた世界的大企業の中には、現在広告を口コミに頼っている企業があり、そのかなりの部分はソーシャルメディアによって推進されている。これは MLM50 年の歴史上、最も著しい変化の一つである。素晴らしい会話や気の合う人との新しい出会いは、もはや地理的制約を受けない。だが、ソーシャルメディアを乱用すれば、小学校の乱暴な子どもさながら、その場から締め出されてしまうだろう。さらにフェイスブックで「友達削除」を受けると、後から仲直りすることは不可能である。

もし、ソーシャルメディアを単に広告掲載だけに使うとか、もっとひどい場合は MLM の新メンバーの募集を載せたりすると、見飽きたコマーシャルと同じように人々にそっぽを向かれてしまうだろう。人々は氾濫するコマーシャルが嫌いだから、それをスキップできるビデオレコーダーが流行ったと言える。だが、新しい友達を作り、共通の夢やゴール、どうしたら幸せで充実した人生を得られるかについて語り合いたいと思っている人は何百万人もおり、そして人は誰でも楽しむことが好きだ！

もう一度繰り返すが、私はこの分野の専門家ではないので、何をすべきか述べるつもりはない。しかし、頻繁すぎない程度にそれなりに投稿することをお勧めする。成功を分かち合い、自慢はやめよう。見る人が楽しい気持ちになる写真を掲載するのは良いが、ネガティブなものはダメだ。そして何よりも大切なのは、よく見聞きし、学び、そして友達を作ることだ。

MLM では自分を中心に考えてはいけない。MLM は他の人の支援をするものだ。

私は自分が訪れた場所や素晴らしいことを行っている友人たちの写真を載せるのが好きだし、私の人生の好ましい出来事を誰かが掲載してくれるのも気に入っている。ある偉大なアスリートの言葉をいつも思い出す。「自分が優れていると思うと、自らのことを語らなくてはという気持ちになる。ところが、実際に偉大になると、他人があなたのことを語るようになる！」というものだ。自慢をしたい誘惑にかられたときは、代わりに他人の業績に注目することを忘れないで欲しい。決してソーシャルメディアで売り込んではならない。

もっと明確にしておこう。もし人材や顧客を募集するメッセージを載せると、それはソーシャルメディアの場だけでなく、リレーションシップ・マーケティング業界においても、成功のルールを破ったことになる。人々はあなたをフォローしなくなるか、永遠に友達から削除してしまうだろう。

私のフェイスブックにはビジネス関連のことがあまりにも多いと批判を受けることが時折あるが、生活のほとんどがビジネスに関連することで成り立っているのだから、それはごく自然なことなのだ。だが、気を付けるようにはしている。そして、パーティや野球の試合など、見る方が気恥ずかしくなるような写真は、ソーシャルメディアに適さない。人がどんな風に思うか少しでも気になるようなら、掲載してはいけないのだ。

9

マネーマネジメント

あなたのゴールはただ大金を儲けることではなく、かなりの量を蓄財することだ。長期的にみると、多くの場合どのくらい稼ぐかというより、どのように節約し、貯金するかということに近いかもしれない。そして、成功しているように見えるレプレゼンタティブが、費用と税金に対する計画を立てていなかったために挫折するのを、私はあまりにも多く見てきた。

さて、ここではシンプルなガイドラインを使おう。 所得1ドルあたりの場合だ。

1. 税金の支払いに35%(現在アメリカでの最高税率)を取っておく。

   ビジネスで認められている税控除があるので、最終的に全ての税を支払うことはないだろうから、残った金額は貯蓄に回すことができる。

2. 貯蓄のために25%を取っておく。将来のための備えを第一にするのだ。

3. 40%で生活する。そう、できるとも！このビジネスは他の仕事を持ちながら副業で始めるべきだ。MLM でこれまでのキャリアあるいは仕事で稼ぐ額の倍を稼げるようになるまで、副業にとどめておこう。

40%という数字についてもう少し話をしよう。最初は大きな額にはならないだろうが、それで生活する訓練が大切だ。金持ちになれるかどうかは、そのための実地訓練を十分積めるかにかかっている。ミスは高くつく。だから、大金を稼ぐ前に学んでしまう方がずっと楽だ。そして、所得が上がるにつれて、この比率を**下げていく**必要がある。そう、減らすのだ。

では、現実の数字を使って見てみよう。

- 1 か月に 1000 ドル稼ぐ場合
  - 税金用=350 ドル
  - 貯蓄用=250 ドル
  - 支出用=400 ドル

- 1 か月に 5000 ドル稼ぐ場合
  - 税金用=1750 ドル
  - 貯蓄用=1250 ドル
  - 支出用=2000 ドル

- 1 か月に 25,000 ドル稼ぐ場合
  - 税金用=8750 ドル
  - 貯蓄用=6250 ドル
  - 支出用=10,000 ドル

- 1 か月に 100,000 ドル稼ぐ場合 （あなたが本書を読んでいる

理由であろう）

- 税金用=35,000ドル
- 貯蓄用=25,000ドル
- 支出用=40,000ドル

さて、ここが貯蓄額の割合を増やすタイミングになる。私は、貯蓄額50%を目指すことを薦める。もし月に 5 万ドル以上を貯蓄に回したら、貯蓄に関する夢は極めて早く実現する。さらに、十分な貯蓄は多額の投資を行う際の安心感にもなる。

> 非常に重要なことを述べよう。貯金を後にしようと思っている人は、大抵貯蓄の習慣を身につけることができず、最終的には貯蓄不足か、一切貯蓄がない状態になってしまう。百万ドル稼いで、百万ドル使う人間は**「一文無し」**だ！素晴らしい「おもちゃ」の数々やバカンス、そしてヨットや飛行機さえも、手に入れられる時が来るだろう。だが、懸命に働いて得たもの全てを危険に晒すことなく、贅沢ができるのは、相当な額の貯蓄があってこそだ。

「この経費あるいはこの投資は、自分の将来の資産にどのような影響を及ぼすだろうか？」と自分に問いかける習慣を付けよう。これが金持ちになり、そして金持ちであり続けるために、常に適用すべき考え方だ。どうすれば金持ちになり、金持ちであり続けられるかという点について、私たちのほとんどは訓練もガイダンスも受けていない。あなたの両親が金持ちでなければ、恐らくこうしたことは教えなかった、あるいは教えることができなかっただろう。

このテーマを扱った良書の一つは私のお気に入りであり、事あるごとに推薦している。スティーブ・シーボルドの『金持ちになる男、貧乏になる男』（原題：How Rich People Think）を、時間を割いて読んで欲しい。彼は独自の研究から、中産階級の考え方と富裕層の考え方の違いを説明している。

私は会計帳簿の記録に非常にこだわる人間だ。日常使う「Quicken」のような会計ソフトは、税金対策や経費管理に関して力を発揮するだけでなく、管理計画を立てる上でも助けてくれる。もちろん私は優秀な会計士をずっと雇っているが、その一方で所得や経費の管理については、自分自身が係わる実践主義で行っている。個人的に毎日会計に携わることで、自分の財政状態を常に意識するだけでなく、いつも自分が財政的にどういう状況にあるかを察知する能力を研ぎ澄ますことにもなる。**正しい決断を下すには正しい情報が必要なのだ。**

よりたくさん稼ぐためには、よりたくさん使わなくてはならないという説には賛成するが、それぞれの経費は納得のいくものでなくてはならないと考えている。ゴールに向かって取り組むという観点から、常に賢明な支出をするよう心掛けている。出張旅行はその良い例だ。

私がビジネスでひと月 2、3 千ドル程度しか稼げなかったときは、それに合わせたやり方をしていた。出張して行う活動がかかる経費に見合わない場合は、飛行機も高いホテルも使わなかった。さらに別の販路で取引をする予定がある出張でさえ、それが数百ドルの儲けしか出ない場合は自分で車を運転し、安いモーテルに泊まった。飛行機を使い、レンタカーを借りても納得がいくのは、そのおかげでいくつもの販路で取引を行うだけの時間的余裕ができ、出かけるごとに十分儲けが出る時だ。

ビジネスの業績が上がった褒美として、私が宿泊したホテルは少しずつ良くなっていったが、その逆パターンではうまく行かない。今でさえ、真に滞在する価値を見いだせる休暇でない場合は、高級ホテルやリゾートは利用しない。「数百万ドルを稼ぐ」私でも、ビジネスで使うホテルは、マリオット、シェラトン、ダブルツリーや、その他 3 つ星か 4 つ星のホテルだ。安全、清潔で安眠が得られ、仕事ができる場所を手頃な値段で利用できればいい。無駄遣いをしないということは、貯蓄を増やし将来の経済状況に資する美徳である。

エコノミーを長く利用し過ぎたかも知れないが、私にはコスト管理が重要だった。あらゆるフライトでできるだけ節約したおかげで、プライベート航空機を購入するための資金の一部を蓄えることができた。

大きな買い物をする時は、それが自分のビジネスに付加価値を与えるようにと考えている。年間所得が7桁ドルを超えた後、私は最高級のキャンピングカーを使うことにした。これが意味するのは、移動時間に関して非常に有利になっただけではない(専門のドライバーが運転する間、私は執筆し、計画を立て、電話を掛ける)。それはまた、MLM で一所懸命働けば得られる成功という夢を、何千人もの人に見せることを可能にしたのだ。文字通り何百というホテルや会議場のパーキングに駐車した私のキャンピングカーに何千人もの人が訪ねて来た結果、彼らは「さらに大きく考えること」を経験した。ここでもう一度考えて欲しいのは、出費することでより大きな成長へと、ビジネスバリューが増えたことだ。結局のところ、私はただ、より速く到達する道を選んだのだ。

私はさまざまな場所に姿を現す人物として知られている。パブリック・スピーキングやトレーニングを実施し、リーダーの養成をするために頻繁に出張する。こうした出張旅行を何年も続けていると健康にも影響が出る。そこで収入と生産性の観点から妥当と考え、私は自家用飛行機を購入した。

出張に飛行機をチャーターするのは非常に有効な方法だ。だが、私の出張は年間 150 時間という最低採算分岐点を大幅にオーバーしていたので、自分で飛行機を所有する方が得だということに気付いた。2 種類の自家用機がある。1 台は控え目なデザインだが、とても洗練された最新モデルのターボプロップ機で、調査によるとビジネス用チャーター機としては大変需要があるものだ。マネジメント会社を仲介として、自家用機を使わない時には他のユーザーに保険やメンテナンス費用は借主負担で航空機のみを貸すドライリースをしている。飛行機はいつも費用の軽減に一役買ってくれており、月によってはリースで元が取れて儲けまで出る程だ。飛行機と全ての関連経費を維持できるだけの余裕がある限り、リースやチャーターからの収入がないとしても、これはお金の使い方としてはとても効果的なものになり得る。

飛行機を利用しない時間がかなりある極めて長期間の旅に自家用機を使うのは、費用対効果が悪い。私は国の端から端へと飛ぶ場合は定期便を利用し、地元あるいは地域を旅行する場合は分割所有の自家用機を使うことにしている。それは共有促進プログラムの対象となっている最新モデルのピストン型エンジンを搭載したコミューター航空機だ。マネジメント会社がこの飛行機の保守と後方支援をしてくれるので、私は予約を入れるだけで、これもまた、時間を無駄にしたり定期便に乗るためにイライラしたりすることなく、より多くのプレゼンテーションやトレーニングをより多くの場所で実施することができる。お陰で生産性を向上させるために毎日飛行機で飛び回りながらも、私は中枢部に陣取っていることができるので、荷造りや荷解きにかかる多くの時間が節約でき、さまざまなトラブルも回避できる。

どちらの自家用機も、人々に新しいレベルの「夢を見せる」のに一役買っている。私はいつも各地域のビジネスリーダーに航空施設まで迎えに来てもらって、彼らが写真を撮る時間を儲け、夢を共有してもらっている。これによって、地域のビジネスリーダーたちはより広い視点を持つようになるだけでなく、その経験を他の人と共有することにもなる。「ビジネスミーティングに飛行機で来れば、専門知識がよりありがたがれる」とよく言われる。だが、もし自家用機でミーティングに来れば、人々はより一層あなたの専門知識を貴重だと思うのだ。だからチャンスがあればそのたびに、リーダーや見込み客を 1 人か 2 人、飛行機に一緒に乗せることにしている。

私は自分の夢に向かって働くことと、自分の夢を生きることを同時に行っている。引退して何年かの激務の遺産で生活することより（そうすることは確かに可能なことだが）、夢を抱いてそれを仕事に活かすことを選ぶ。今年私は 80 フィート（24m 超）の「ハーグレイブ製オーダーメイドのモーター付きヨット」を購入した。メガヨットに比べると小型だが、よりユーザーに合わせた仕様で贅沢な装備が施されており、「スーパーヨット」として知られるタイプに属するヨットだ。私は何日も自分のヨットで働いて過ごし、その間クルージングしたりリラックスしたりするのだが、その一方で、夜には飛行機で飛び立ち、ミーティングをこなすこともある。また可能な限り、リーダーをヨットに招くかクルーズに招待している。

自分のヨットと旅行に特化したフェイスブックのページがある。このお陰で、実際にヨットを見に来られないたくさんの人々も、夢に参加することができる。ハーグレイブ社に長年の経験を活かしてヨットを管理してもらい、さまざまな形でアドバイスをもらっている。また同時に、私が使わない時はチャーター便として、厳選した運用先にリースに出している。ここでもまた、管理会社が私のヨットの将来価格を守りながらお金を節約してくれるだけでなく、経費を相殺するだけの収入が得られるようサポートしてくれている。だが繰り返して言うが、ヨットを所有することを考える前に、まずチャーター収入がなくても各月の経費が払えるかどうかをしっかり確認しなければならない。話は変わるが、ハーグレイブ・カスタム・ヨッツ社のオーナー、マイケル・ジョイス（Michael Joyce）をはじめとするトップの人たち、そして私の個人的なヨット仲介業者のヘルマン・プンツ（Herman Pundt）は、その他多数の人とともに MLM ビジネスにも携わっている。これは単なる仲間意識ではなく、彼らも私が取り組んでいることに価値を見いだしているからなのだ。販売者向け仲介業を営むギッブス・ルコスキー（Gibbs Lukoskie）でさえ、私のチームに加わり、大成功を収めている。

少しの間目を閉じて、手に入れられる将来について考えてみよう。ほんの数年で、質素なホテルに泊まりながら毎日自分のビジネスを展開するために車を運転する生活から、大勢を前にしたトレーニングやプレゼンテーションを終え、何百万ドルもする豪華ヨットの「マスター・ステートルーム」に自家用飛行機で帰る生活へとステップアップすることがあなたにも可能なのだ。そんなことが自分に起こるかだって？ それは分からないが、起こる可能性があるということだけは確信している。

会計管理なんてしたくない？今お金を使って、後で将来を心配するほうがいい？**今派手な生活をする方がいいのか、それとも夢に見た生活を実現するために計画を立てる方がいいのか？選ぶのはあなただ。**

10

タイムマネジメント

ここではタイムマネジメントについて話しておくのが良いだろう。まず、またジョン・マックスウェルの次の言葉を引用しよう。「実際に時間を管理することなどはできない」。1 日に有する時間は誰でも同じだ。だが、自分自身や時間を使ってどうするかは管理することができる。そこで、将来の成功を直接左右する「タイムマネジメント」の側面について、いくつか話をしようと思う。

成功するには、数々の行動を起こさなければならないのだ!

自己啓発に特化した時間を取らなくてはならない、ということをこれまでの章で学んでくれたと思う。これはあなたの成功にとって非常に重要なことだ。だがここでは、時間の価値測定について話をしたい。

午後 5 時から 9 時にかけては、1 日の中で最も価値ある時間帯だ。この時間帯は、1 時間あたり優に数百ドル、もしかしたら 1 千ドルの価値がある。だから、この時間をどのように使うかに注意を払うことだ。木曜日の午後 7 時から 9 時にテレビを見ることは、実際あなたにとってどんな価値があるのだろう?この時間を複利計算してみれば、その価値が巨額なものになる可能性は非常に高い。

なんらかの活動を行う前、あるいはスケジュール帳に予定として書き込む前に、活動の価値を考える必要がある。1 時間 100 ドルの価値があるのに、10 ドルの仕事に拘束されてはならない。きちんと調整する必要があるなら、朝または深夜にしよう。お礼の電話をかける必要があるなら、昼間にしよう。フェイスブックやツイッターの更新が必要だって?

それなら、見込み客やコンサルタントと話をしたり、ビジネスについてのプレゼンテーションができない、深夜か早朝に行うべきだ。

スケジュールに基づいて働くことだ。各活動の予定をどこに入れるか、どこで行うかを考えて、その作業自体に夢中にならないようにしなくてはいけない。成功するには、毎日数々の行動を起こさなくてはならないのだ！優れた成果を上げるには、行動する時間を選ばなくてはならない。都合がよくて生産性も高い仕事などあり得ない。夢見たものを全て手に入れるためには、それまでは何かをあきらめなくてはならない。

「自分の時間」をどう使うかは、あなたの成功だけでなく、あなたに従う全員の成功も左右する。

タイムマネジメントの第 2 の側面は、いつ、どのくらい自分の時間を他人のために割くかについてだ。相手をすべき人間とそうでない人間を、どのようにして見分けるかは既に論じた。今度はあなた自身の計画書を作成する番だ。

まだ昇進する前の駆け出しの頃は、メンバーのリクルートと顧客の獲得が全てだ。自ら勧誘した人々に対するマネジメントにさえ、10%以上の時間を費やしてはいけない。あなたはリーダーに統率され、階層化されたチームの一部なのだから、システムに従えばよい。新しくリクルートした人にとって本当に役立つサポートは、より経験のあるアップラインと呼ばれる先輩会員から受けられるものだ。新人が最も適した人から学ぶのは理にかなっているし、きちんとした報酬プランはそういったことを考慮して設定されている。

何年も前のことだが、私は救命士としてのボランティアを始めた。当時は、高度「救急医療体制」ができたばかりで、ほとんどの救命サービスは葬儀場などが提供していた。システムは単純だった。新人が患者の対応にあたり、一番経験のある人が救急車を運転するというものだ。どうしてこんなことがまかり通るのか理解に苦しむが、なるほど救命率は芳しくなかった。あなたのネットワーク・マーケティング・システムでは、このような体制を取ってはいけない。

当然ながら新人が勧誘したり、顧客を増やしたりするのを、あなたは手伝わなければならないが、電話による三者会議やトレーニング、コーチングは経験あるアップラインに任せることだ。あなたが彼らに教えようとするより、経験あるコンサルタントに任せた方がずっと効果的だという意味だ。私たちは皆、達人からできるだけ直接学ぶべきなのだ。ビジネスのスキルは、リーダーからリーダーへと伝えられるが、現場での経験を経て完成される。あなたやあなたのチームがトレーニングを受けるなら、成功体験を持つリーダーのみにお願いすることだ。

さて、「成功への出世階段」を上るにつれて、これまで以上にリーダーシップを発揮することになり、マネジメントにより多くの時間を割くようになる。だがそれは、あなたが現場で成功を収めた場合の話だ。早い段階でマネジメントに多くの時間を割くことは、おそらく自我を抑制しなくてはならない印である。適度に強い自我は、成功への鍵ではあるが、その一方でどんな時でも自我をコントロールしなくてはならない。どのくらい自分に知識があるかに関係なく、常により博学な人は存在するので、その人から学ぶことだ。

下記に分かりやすいタイムマネジメントのチャートを掲載する。

ビギナー　　リクルート 90%　　マネジメント 10%

下位レベル　リクルート 70%　　マネジメント 30%

中堅レベル　リクルート 60%　　マネジメント 40%

トップレベル　リクルート 40%　　マネジメント 60%

トップ　　リクルート 20%　　マネジメント 80%

*****

時間を共にする価値のあるコンサルタントを選んで、常時 3 人はキープしておこう。先に学んだように、そのためにはそれ以上の人数をリクルートしなくてはならない。そこでこう考えてみよう。2 人は活動をやめる潮時を探しているかもしれないから、さらに 2、3 人の採用をスタートさせつつ、予備の人員を数人確保しておくのだ。

リクルートをやめてはいけない。始めや終りがあるのではなく、途切れることのない日常の行為なのだ。リクルートを停止すれば、ビジネスの成長も停止する。

この仕事は個人が相手だが、チーム全体で考えるべきだ。大きな成功を収めるには、とても大きなチームが必要となる。ではまず、「レッグ」について考えてみよう。レッグとは一般的な MLM 用語で、個人的にリクルートしたレプレゼンタティブの下にいる全ての人を意味する。あなたが直接リクルートした人が起点になることもあれば、誰か別の人がレッグを成長させることもある。あなたのダウンラインの、それも、ずらっと居並ぶ平均的なビジネス・ビルダーのずっと下から、優秀なリーダーが生まれることもよくある。こうした優れたレッグ、つまり「チームリーダー」を探して発掘することだ。

トップレベルに到達するまで、常に自分の時間を 3 つないし 4 つのレッグに割り当てるとともに、リクルート活動に充てる時間を作る必要がある。上記で示した中堅レベルの場合、3 つの活発なレッグのそれぞれに 10%の時間を割り当てて、さらに 10%を他のレッグに割くことになる。その一方で、リクルートに使う時間は 4 つのレッグそれぞれに対し 10%、そして個人的なリクルートに 20%を割り当てることになる。

自分の組織に合ったチャートを作ろう。そして、プランを立て、それに従って仕事をすることだ。ビジネスの成長を幸運や偶然の出来事に左右させてはならない。私はこれまで MLM においてとても幸運だった。事実、一所懸命働けば働くほど、運にも恵まれたが、これは偶然の結果ではない。

全ての大事業にはビジネスプランがある。あなたのプランはごくシンプルなものかもしれないが、毎日、その時々にどのくらい時間を費やすかを把握しなければならない。時間はあなたが所有する最も価値ある資産、つまり貨幣と言い換えてもいい。時間をどのように使うかが、あなたの成功だけではなく、あなたの下にいる全ての人の成功をも左右するのだ。**貴重な時間をくだらない活動や雑事で無駄にしてはならない。**

私は、ネットワーク・マーケティングの専門家として自分のスキルの向上と習慣の改善に 19 年を費やし、また、30 年を従来型のビジネスに費やしてきた。その間、たくさんの人が私より早く、自らのゴールを達成したのを見てきたが、自分にもその時が来ることを信じて疑わなかった。冷たく聞こえるかもしれないが、**自分の時間とその使い方には十分気を付けることだ！**

11

成功の色彩

ひと目見ただけで、その人の性格が分かったらいいのに…と考えたことはないだろうか？もし人々が識別用のラベルを付けていて、そのお陰でその人がどんなことを大切にするのかすぐに分かるとしたら、素晴らしいと思わないだろうか？そんなことを現実に起こす力は私にはないが、あるシステムを伝授することはできる。このシステムは、練習すればその人のパーソナリティを素早く理解でき、何よりもその人との関わり方が分かる、というものだ。

夢見たものを全て手に入れるためには、それまでは何かをあきらめなくてはならない。

このシステムはさまざまなトレーナーから教えてもらっているものだが、トレーナーの数だけバリエーションがある。何度も聞いた中で、一番納得できて実践で役立ったのが、有名なトレーナー、マルク・アチェッタ（Marc Accetta）が教えてくれたものだった。もちろん、ここで述べるものは、私の長年の経験による変更が加えられている。

第一に、ここで分類し色分けした 4 つの特質の全てを、ほとんどの人はある程度有していると知ることが大切だ。では何が違うのかといえば、各自が強く持っている特質が何であるかと、意思決定や行動を起こすものが何であるかだ。この章を読み、これらのパーソナリティ・カラーの各特質をよく理解して、自分がどういうタイプの人間かを知ることが大切だ。マルク・アチェッタは、どんな特質を持っているのかを知るための効果的なテストを用意しているが、客観的に観察することで、同じように人々の特質を把握できるようになるだろう。

ブルータイプの人

最初に取り上げるこの色は、一番多くの人に当てはまる色でもある。他の色と比べ、パーソナリティ・カラー「ブルー」の影響を強く受けている人が大変多い。そのため、「ブルータイプの人」との上手なコミュニケーション法を知るのは重要だ。

ブルータイプの人は楽しく時を過ごすことを重視する傾向がある。彼らは楽しむことを考え、それが原動力となる。厳然たる事実や数字などは行動の動機にはならないのだから、「ブルーの世界」の居心地は素晴らしいかもしれない。このタイプの人はビジネスに関する勉強はしたがらないし、報酬プランが多くのお金を支払うことさえ知っていればいいのだ。

ブルータイプの人は、楽しく時を過ごし、人と付き合い、生活を楽しむことにより興味を持つ。ブルータイプの人と話をしたり、リクルートしたりする場合は、過度の詳細説明をしてうんざりさせないことが何よりも大切だ。このビジネスで経験できるあらゆる楽しいこと、シンプルさ、いかに理にかなった話かを説明し、お金をたくさん稼ぐという、これまた面白いことをしながら、いかに楽しい時を過ごせるか、といったことを話すように留意しなくてはならない。

ブルーの影響を受けている人が一番多いことを覚えておこう。だから事実や数値に関する説明を彼らに始めると、すぐにそっぽを向いてしまい、ただ楽しいことを考えて上の空になってしまうのだ。

ブルータイプの人たちがたくさん参加するプレゼンテーションや研修会は素晴らしいイベントになる。興奮が高まって人々は楽しく過ごす。多くのブルータイプがいるおかげで、さらに多くのブルータイプを惹きつけ、最大のグループとなるのだ！

グリーンタイプの人

「グリーンタイプの人」はとても堅実な性格で、見分けるのは簡単だ。通常、職業でグリーンタイプの人が分かる。彼らにとっては数字や事実が生きがいだ。このタイプは会計やエンジニアリング、金融など、きちょうめんであることが重要な分野を好む傾向がある。もちろん楽しむのは好きだが、彼らは事実や数字を面白いものと捉える人たちなのだ！

グリーンタイプの人の興味をそそるには、正確さを心がけなくてはならない。このタイプの人には、まず報酬プランのコピーを渡すといい。というのも、彼らは何に対しても、良く知らないうちは興味を持たないからだ。おおよその概算やとりわけ虚偽の事実や数値をぺらぺら話してはならない。そんなことをした途端、あなたの言うこと全てに疑いを持つようになってしまう。できるだけ細かい情報を与えるべきだが、彼らの能力を信用し、事実や数値を把握できるよう、本やビジネス用のキット、その他詳細な資料を渡すにとどめることだ。彼らは強力な「協力者」になるが、感情に訴えるだけの中身のないプレゼンテーションで勧誘してならない。なぜなら、彼らが望むのは事実なのだから！

グリーンタイプの人には嬉しいオマケがついてくる。このタイプの人は、あなたとチームがいつも組織立った活動ができるようにサポートしてくれる。説明責任を果たせるように助けてくれるし、これまで以上に一段と詳しい情報を提供してくれるだろう。だから、より多くのグリーンタイプの人をリクルートして大丈夫だ。

イエロータイプの人

ベストなタイプと言えよう。「イエロータイプの人」が大きな関心を払うのは他の人がどのように感じるかであり、お金や事実、数値、楽しみではないし、自分のことでさえない。イエロータイプの人は常に仲間の家族のことに関心を持ち、皆がより良くなることを目指すのでなければ加わろうとしない。

イエロータイプの人は報酬プランの心配より、他の人がどう感じるかを気にする。どんなことにおいても、誰も疎外されることなく参加できるようにしたいのだ。あなたがいかに思いやりのある人かが分かるまでは、あなたにどれ程の知識があろうと無関心だ。

その他のカラータイプに比べて、イエロータイプの人は少ない。だが、あなたのチームの存続には、彼らは極めて重要だ。他人の健康状態だけでなく、精神的・感情的状態も良好であるように、彼らは絶えず気を配る。チームにイエロータイプの人を散りばめれば、家族のような雰囲気のチームになる。イエロータイプの人が誰かを傷つけることはまずない。人の感情に気を配り、そして、結束の固いチームを育てるのに力を貸してくれるだろう。私は自分の中にあるイエローの気質を伸ばそうと日夜努力している。

レッドタイプの人

これは強力なグループだ。レッドをパーソナリティに持つタイプは、熱情に突き動かされやすく、責任者になりたがる。「レッドタイプの人」はコントロールすることが好きで、リーダー争いをする。他人の気持ちをよく傷つけるし、人を怒らせたり、うんざりさせたりすることもしばしばだ。 だが、大抵の場合、彼らがリーダーだ。誰かが先頭に立つ必要があり、レッドタイプの人は喜んでそれを引き受けるのだ。

レッドタイプの人は、どうしたら巨額のお金を稼ぐことができるか、とか、どうしたらたくさんの人々を率いることができるか、といった話を聞くとやる気が起こる。愛されることが大好きで、尊敬と称賛を得るために懸命に働く。彼らはあなたの子どもの名前やあなたの名前すら忘れるかもしれないが、あなたを成功へと導いてくれるだろう。レッドタイプは迂回することで時間を無駄にするより、障害を突破し進むことを好む。**そして、彼らは待つということをしない。**

忍耐はレッドタイプの人にとって美徳ではない。だが、迅速性や行動力という点で優れ、締め切りや完了すべき課題に直面した場合には、素晴らしい力を発揮する。リーダーのスピードが通常その集団のスピードを決定するので、レッドタイプの人を何人かリクルートすれば、チーム全体のペースが上がるのだ。

ここで学んだことを、どう活用したらよいのだろうか？

人間は皆、全ての色の資質をある程度持っていることを知ることだ。だが、まずは一人一人の中にあるこれらの色が発するサインに注意深く耳を澄ますことを学んで欲しい。色の違いを認識できるようになるにつれて、あなたは発信する内容や発信方法について、最適に調整できるようになるだろう。パーソナリティを学び、プレゼンテーションにより関心を示してもらえるよう、勧誘方法を各自に合わせカスタマイズすると良い。

パブリック・スピーカーとして本当に成果を上げたいなら、プレゼンテーションでこれらのパーソナリティそれぞれに訴えかけるような話題を少しずつ投入する必要がある。少し練習すれば、大勢を相手にしたプレゼンテーションでも、それぞれのタイプに合わせたメッセージを組み込めるようになるし、個別のプレゼンテーションでも、見込み客に合わせてカスタマイズできるようになるだろう。

もし、「イエロータイプ」にお金のことしか話さなかったら、会員にはならないだろう。もし、「ブルータイプ」に事実や数字や詳細を挙げてしつこく説得したとしたら、あなたの言うことに耳を貸さないだろう。もし、「グリーンタイプ」の人に、感動するような話しかしなかったり、間違った詳細情報を伝えたりすれば、多分あなたを見限ってしまうだろう。もし、「レッドタイプ」の人に、責任者になれる可能性や、周囲が大いに敬服して見守る中で大金を稼ぎつつ、世界を変えられるかもしれない、といった話をするのを怠ったら、偉大なリーダーになる素質を持つ人を多数逃してしまうかもしれない。

ゲーム感覚で人を見抜くことを学び練習しよう。MLM ビジネスに限らず、実生活でも心がけるのだ。こうした習慣に自分がいかに速く順応できるかだけでなく、ビジネスがいかに早く変わり始めるかに、あなたはきっと驚くだろう。

・・・私は「レッド＞グリーン＞ブルー＞イエロー」タイプだ。

「レッド」は私の意思決定の多くに影響し、同時に間違いなく職業倫理を支配している。レッドの持つ力強さを維持する一方で、自分のレッド気質を他の色を加えて和らげるよう努力している。

また、多分に「グリーン」の要素も持っている。若い頃、会計と数学が得意で、エンジニアになろうと思っていた。私にとって、事実や数字、報酬プランは非常に重要で、常に情報を読み取り研究している。グリーンタイプの人をリクルートするのに役立つ情報を積極的に収集しているのは、私の中にあるグリーン気質の成せる技だ。

「ブルー」については若干弱い。人が好きだし、楽しむのも好きだが、真面目な面が勝つことが多い。楽しみのために成功を犠牲にすることはそうそうないが、どちらも手に入った時はとても幸せだ。

すでに述べたように、私は「イエロー」が一番弱い。だからこの点の改善にいつも取り組んでいるだけでなく、イエロータイプの人をより多くリクルートし、彼らに私とチームがより他の人に気配りができるようサポートしてもらっている。

私が以前関わっていた MLM 企業は、2 人のブルータイプの人物が創立し経営していた。彼らは素晴らしいネットワーカーでありながら、楽しむことに本当に力を注いでいたため、「生き生き暮らして稼ぐ」ことをモットーとした会社を立ち上げてしまったくらいだ。会社を始める前の時点で両者とも、月に６桁ドル以上稼いでいたが、大きな成功を収める企業をさらに創り上げげたのだ。彼らはビジネスのプロで、グリーン、レッド、イエローに加え、ブルータイプのメンバーで周りを固めている。ブルーは通常最大の集団だ。

どのくらい自分に知識があるかに関係なく、より博学な人は常にいるので、その人から学ぶことだ。

エグゼクティブコンサルタントのグレッグ・ヘンゼル（Greg Henzel）は今、初めてMLMに加入していろいろ経験しているところだ。複数の宝石店やスムージー・ショップのオーナーとしての経歴を見れば明らかなように、常に企業家として活躍してきた。積極果敢なレッド気質が見て取れるが、その一方で、グリーン気質の側面が、あらゆる数字を信頼に足るものにしている。また、全ての人に心配りができ、これはイエロー気質の最良の特徴だが、実は彼の支配的気質はブルーなのだ！

グレッグ・ヘンゼルはいつも励みになるようなコメントをしてくれるので、話を聞くのも一緒に過ごすのも楽しい。誰をも惹きつける魅力を持っていて、どんな人とでもうまくやる。業界のトップリーダーの一人でありながら、誰もが彼と楽しい時間を過ごすことができる。グレッグのようなブルータイプの人には、たくさんの友達がいて、出会った人は誰でもグループに加わるのだ。

私の親しき友人、トーマス・オグランディ（Thomas O'Grady）博士は、極端なグリーンタイプの一人だ。確かに、大きな業績を達成するほどのレッド気質もふんだんにあるし、他の人を十分気遣えるイエロー気質もある。また、全てのブルー気質の人と同じく、楽しい時を過ごすのも大好きだが、彼の主な気質はグリーンだ。トーマスは経済の博士号を持っていて、ネットワーク・マーケティングに乗り出す前は、たくさんの会社のコンサルタントとして、傑出したキャリアを築いていた。そして、事実、数値、詳細をいつも理路整然と位置付け、MLM では巨大なチームを率いて最高レベルまで到達している。彼は今では「MLM 博士」として知られている。

レッドは全てのリーダーが持っているものだが、こうしたリーダーの多くはレッド気質をうまくコントロールし、最高レベルに到達するために活用している。私の仲の良い友人のダミアン・ペチャセック（Damien Pechacek）とショーン・コーネット（Shawn Cornett）は、億単位のドルを稼ぐ MLM チームの構築を目指して、「レッド＞ブルー＞イエロー＞グリーン」タイプと「レッド＞グリーン＞ブルー＞イエロー」タイプのパートナーシップを長い間組んでいる。私は何年も前から彼らを知っているが、取り組んだ事業は常に非常に高いレベルを達成している。何かに駆り立てられることが彼らの推進力だ。この二人は、他の人が見ていなくても、精一杯ベストを尽くすが、それは互いに注視し合っているからだ。

イエローが支配的気質であるケースはあまりないかもしれない。だが、私は良き友人のケニー・スミス（Kenny Smith）牧師が絶えず他者への気遣いをもって人々を導いているのを見てきた。MLM で最高レベルの成功を収めながらも、彼は変わらず牧師として良き指導者である。「私はボスを首にしてやりたいと一度も思ったことがない唯一のトップリーダーだよ！なんてったって、私のボスは『天にまします我らが父』だからね」とよく冗談を言う。

ケニー・スミスは家族のためにより多くを手に入れたいと望んでいるし、楽しく過ごすのも好きだが、そうしたことのために、他の人を心から大切にする傑出したイエローの資質を放棄することはない。彼を含むパストールやミニスター、ラビ、プリーストなどの宗教の指導者たちが、ネットワーク・マーケティング業界で大成功している。彼らはさまざまな偉大な資質を持っているだけでなく、終始他人を大切にするという高度に発達したイエロータイプのパーソナリティを持っているからだ。

色に関するこのコンセプトを初めて聞いたときから、それは私の人生で追求すべき課題の一つになった。私は人間について学び、メッセージの内容やその発信の仕方をうまく使って上手なコミュニケーションを取る方法を学ぶのが好きだ。大勢の人を前にしたパブリック・スピーキングではいつも、全ての色の人にアピールできるよう、そして、全ての色の特性を念頭において話すことを心がけている。これは、自分の「レッド＞グリーン＞ブルー＞イエロー」タイプの一端を示す行動ではないかと思っている。

12

リーダーシップの確立に専念せよ

成功する上で何より重要なのが、リーダーシップの確立だ。チームに多くのリーダーがいないとそれが仇になり、あまりにも多くの人を少人数でサポートしなくてはならない負担から、ビジネスが立ち行かなくなる。非常に多くの人が「ビッグ・リーダー」になりたいというエゴを許してしまい、リーダーを育成するより自分のフォロワーを増やすことに力を注いでしまう。良いリーダーになるには、まず良いフォロワーでなくてはならないのは事実だが、次のステップとして、チームからリーダーが出ることを許し、時には強いてでもリーダーになる人に出てきてもらわないと、自分自身が苦境に陥る。

さて、リーダーたちを統率することは、やりがいもあるが非常に難しい仕事だ。その難しさを例えて、気の向くまま行動する猫の群れを率いるようなものだと誰かが言っているのを聞いたことがある。だが大丈夫！まずはリーダーたちにリードすることを学んでもらおう。あなたが最前線で指揮を執り、より努力してより働き、さらに大きな成功を収めれば、彼らはあなたを真似るだろう。だが、リーダーにも 2 種類ある。

リーダーの多くは実際のところ司令官だ。将軍が部隊にするように、またコーチが選手にするように指示を出して、それに従わなかった場合は罰を下す。さまざまなリーダーが大きなチームを作り、こうしたやり方で大金を稼ぐのを見てきたが、チームはストレスやイライラを募らせ、怒りに満ちたものとなってしまい、大抵は長続きしない。人に対して何をすべきかをいつも事細かく言っている自覚があるなら、まずその原因をよく調べ、本当にチームのことを一番に考えているか自問してみるべきだ。

では、真のリーダーの話をしよう。彼らは先頭に立って指揮をするが、将軍やコーチというより、中尉やクォータバックのような存在だ。自分がしたことのないことを部下にやれとは言わずに道を示してくれる。部下はこのようなリーダーに、恐怖からではなく自らの選択で従う傾向にある。こうしたリーダーは人を心から愛しているので、大抵の場合、お返しに部下の敬愛を受けることになる。

真のリーダーは自分の成功に突然気付いて驚くことがよくある。というのも、あまりにも他人の成功のことばかりを気遣い、自分が成功しつつあることに気が付かないからだ。

これらの違いを理解して、真のリーダーシップを身につければ、あなたの人生は驚くほど向上するだろう。ストレスも苛立ちも軽くなり、自分で設定したゴールさえも超えることができるだろう。

「ネットワーク・マーケティング」は、報酬プラン付きの自己啓発プログラムだ、とよく言われる。私の人生において、それは本当だった。より良いリーダーになるため、つまりより価値ある人間になるために、今まで以上にしっかり働き、自分自身を向上させればさせるほど、行く先々でより多くのお金が入ってきた。

リーダーシップを確立させることが成功にとって何よりも重要なのだ。

私の親友、クリス・アトキンソン（Chris Atkinson）は知り合った当時、落ちぶれた生活を送っていた。パブリック・スピーキングに苦手意識を持ち、自分を含めて誰かをリードすることには全く興味がなかった。彼は MLM の生徒となり、授業の一環として自己啓発を学んだ。こうして一文無しから月数千ドルを稼ぐまでになったのだ。その後、クリスは目覚ましい取り組みを見せてスピーカーになり、そしてチームリーダーへ、さらにはリーダーシップ育成コースの生徒から指導者へと自分自身を押し上げていった。彼の関心はよりうまく人への支援ができるようになることと、より価値ある人間になることであり、おかげで情熱的なパブリック・スピーカー、トレーナー、「MLM で数百万ドルを稼ぎ出す人物」として今や引っ張りだこの人間へと自らを導いたのだ。クリスは自分の関心を、生計を立てることから「より良いリーダー」になることへと転換した。それ以来、彼の生活は恒常的に変わっただけでなく、日夜他の人たちの生活も変え続けている。

ネットワーク・マーケティング業界で働き始めた当初、私はセールスの知識を使って人をリクルートし、何とか目標を達成させようと自分の時間を無駄につぎ込んだ。人生の多くを営業畑で過ごし、中でも保険代理業を中心にキャリアを培ってきた私だ。保険業界では契約を成立させる方法を繰り返し教え込まれる。保険の必要性を明確にし、さらには提案して売上を上げることが全てである。その時と同じテクニックを使い、うまく行っているように思われたのだが、チームは規模を数倍にするどころか倍にすることさえできず、成長しなかった。

私は話をすれば誰でも、私の会社に加入しなければという気にさせることができたので、すぐにリクルーターとして知られる存在になった。当初セールスで多忙を極めていたため、自分が勧誘した人が果たしてどんな事をするのかなど考えさえしなかった。誰でもみんな私と同じようにやるだろうと考えていたのだ。だがしかし、それは大間違いだった。大抵の人はセールスなどしたことがないし、セールスマン自体が嫌いなことさえよくある。私のビジネスは最初から散々な結果となった。

私が持っていたリーダーシップのイメージは営業部長のそれだった。ただただ、売って、売って、売りまくれと叱咤激励し続けた。私は人々をセールスマンになるよう強要し、ものにならない場合はすぐに新人をリクルートした。そして、同じプロセスを繰り返したのだ。MLM は単に物を売るビジネスではないことにすら思い至らなかった。販売テクニックの中には役に立つものもあるが、それで人に加入を説得しても、彼らがビジネスに携わり、仕事をし続ける見込みはほとんどない。

20 人程度をリクルートした時点で、利益はほとんど上っていなかったのだが、私はまだそのことに気付いていなかった。単にターゲットとする市場を変え、セールス担当者のリクルートを開始した。どれほどの数のセールスマンが、私のせいで全く見当違いのことをし、MLM で失敗したかについては何とも言えない。そこで、MLM の真のリーダーや自己啓発の本を読み、話を聞き、勉強を始めた。巨大なチームを持ちトップで稼いでいる人たちは、多くの場合セールスマンではないことに、初めて気付き始めたのだ。そのおかげで遅ればせながらではあるが、私は成功へと舵を切り始めた。

既に述べたように、成功のゴールのテープを切らせようと、他の人たちの尻を叩き、大切な人たちを引っ張るという無駄な努力を重ねてきた。本人が心から望んでいないのに、無理やり引きずって行くのは本当にうんざりするものだ。私のキャリアで最大の転機が訪れたのは、間違った対象者に時間を割き過ぎるのをやめて、以下のことが全てだと学んだ時にやって来た。

リーダーシップを確立するために必要なポイント

1. リストを作る
2. 勧誘し、勧誘し、勧誘する
3. 人々を実際のビジネスに触れさせる
4. 「このビジネスを理解する人だけ」をフォローし加入させる！
5. 売り込むのではなく話をしろと教える
6. 適切な模範を示し、先頭に立って率いる
7. 常に新たな友人を作り、リストに加えていく
8. 先入観で判断するな
9. 失敗を受け入れ、そこから学べ
10. 単に助けを欲しがる人や必要とする人ではなく、自分が助ける価値があると思う人と一緒に過ごせ
11. 人生を変えるような飛躍がすぐそこまで来ているかもしれないことを忘れるな
12. 他人の成功に関心を向けせよ。なぜなら、あなたがリーダーシップの技術を伸ばす助けをした人たちが、あなたの将来を決定するからだ。

今私はリーダーシップを一層強固にしつつある何百人というリーダーたちに恵まれており、チームは独り立ちした。そこで、私は新しいリーダーの発掘と支援に力を入れている。新しいリーダーの指導力が向上するたびに、チーム全体も会社も前進することが分かっている。製品、サービス、セールスについての話にはあまり時間を割かない。そして、より多くを学ぶこと、より多くの人を支援すること、そしてそうした一連の行為を通して、自分の夢に近づくことについて話すのにほとんどの時間を使っている。

人を励ますときは、現実的なやり方で行う。もっと学び、人を助けることに集中して取り組めば、生活がどのように変わる可能性があるかをよく話す。最近のことだが、数百人のコンサルタントと客を前に話を終えた時、67 歳になる婦人が目に涙を浮かべながら私に近づいて来た。彼女はこれが最後の踏ん張りだと思って、その日のプレゼンテーションに参加するために、かなりの距離を運転して来たと言った。彼女はその日限りでこのビジネスをやめようと心に決めて来たという。諦めるというのだ！

彼女は私の手を取り、失敗について、また、失敗するのは当たり前のことで成功への道である、と私が率直に語ったことに対して感謝を述べた。私は講演の中で、失敗を受け入れること、失敗から学び、そこから各自の夢に一歩一歩近づくことを話したのだ。私が普通の人間であり、さまざまな難しい課題について率直に話し、その上で、「これらの課題にどのように向き合うかで、あなたの人生は変わるのだ」と励ましたことに、彼女は心を打たれたのだ。

彼女が言うには、夫は何年も前に退職したが、景気が悪くなり確定拠出年金が減額してしまったのだという。そこで夫は 67 歳で工場の夜間シフトの仕事に戻ったそうだ。毎朝夫が仕事を終えて帰って来る時に、ファーストフード店で買った朝食を分けて、一緒に食べるのだという。彼女は微笑んで、「私は諦めません。そして、夫を仕事から家庭へと取り戻すという目標をしっかり持ち続けることにします」と言った。彼女は私の人生にも良い意味で大きな影響を与えた。このような素晴らしい瞬間は、お金に勝る価値がある。

私のキャリアで最大の転機が訪れたのは、間違った対象者に時間を割き過ぎるのをやめたときだった。

新しいリーダーを発掘し、指導力の向上を支援するたびに、従来のチームに一つ新しいチームが作られることになる。何万人もの人が、車を買い、素晴らしいマイホームを手に入れ、子どもたちをより良い学校に通わせ、今まで以上に良い生活をするのに十分な副収入を稼ぐのを、私は見て楽しんできた。何百人もの人が自らの指導力を磨き、価値を高めることで、もはや仕事を掛け持ちして働いたり、従来型のビジネスで働いたりする必要のない、自分の夢を生きる「経済的自由」のレベルにまで上りつめるのを見てきたのだ！

あなたもやってみてはどうだろう？自分の夢を実現できるなら、毎日ほんの数分間自己啓発のトレーニングをするだけの価値があるのではないだろうか？自己啓発に励み、自分や他人にとって、より価値ある人間になることは、人生において最もパワフルな経験の一つである。

「自己啓発のトレーニング」を通して、より価値のある人間になれる。そして、**より価値のある人間になるにつれて、より多くのお金を惹きつけるようになる**。他の人にもたらす価値と引き換えにその見返りを受け取るのだ。

13

自分の縄張りを得る！

MLM では多くの人が、地元の市場を一度も離れることなく、大きなチームを構築している。家にいながら活動し、リクルートし、チームを指導しながら、ビジネスを続けている。チームは地元で拡大するだけでなく、全世界、そして自分が加盟する会社の販売区域も成長させるのだ。しかし、MLM で経済的成功を極限レベルにまで押し上げたいなら、待たずに自分の縄張りを獲得しなくてはならない。

自己啓発に励み、自分や他人にとって、より価値のある人間になることは、人生において最もパワフルな経験の一つである。

今日の私の成功のほとんどは、多くの新規マーケットで一貫して意欲的に働いてきたことによるものだ。立ち上げ当初の忙しさを乗り切り、「一攫千金的なレプレゼンタティブ」がいなくなって事業が失速し、最終的に残った本物のレップたちが地域の市場を開拓するのを助ける。「人の行く 裏に道あり花の山（人が行かない裏道にこそ、桜が咲き乱れる山がある）」というのを聞いたことがあるだろう。この法則はビジネスを拡大する際には、まさにぴったりの言葉だ！だが、単にそそくさと、知らない土地に行って売り込みをかけてはならない。そんなやり方で良い成果が出ることはまずないだろう。

新たなテリトリーを開拓するには、リレーションシップ・マーケティングの全てを支配している法則を用いればいい。ビジネス展開を望む地域において、誰もが誰かと知り合いで、その誰かは他の誰かと知り合いだ。だが、人を紹介してもらうだけでなく、アフターケアにも不断の努力が必要だ。ダウンラインの人々や顧客、見込み客でもそうでなくても、誰かと話をする場合は必ず、「〇〇市に人脈がありそうな人をどなたか知りませんか？」と聞くことだ。

先に出版された私が共著者になっている本、『Of Course You Can』(もちろんあなたならできる)で述べたように、見逃されがちだがこれこそが最強のツールの一つだ。実際私はニューヨークに知り合いなどいなかったし、訪れたのも一度きりだったが、話をする機会のあった全員にニューヨークに知り合いがいないかを聞きまくった。効果があったかだって?現在、私のニューヨークのチームには3万人を超える会員がおり、その他の多くの州へと活動を広げつつある。人を紹介してもらって良かったと私は思っている。さて、あなたは同じように頼んでいるだろうか?

人を紹介してもらった場合は、機会を逃さず捉えることが大切だ。先送りしてはならない。放っておけばおくだけ、別のチームに加わってしまう恐れが高まる。ただ、「今すぐそれらの方々を紹介していただけますか?絶対に喜ばれると思うのです」と聞くだけでよい。そして紹介された人に電話をするのだ。そう、直ちにである!

その見込み客に自己紹介をしてから、熱意と緊急性が伝わるように目的を告げよう。次のように伝えるとよい。「私はスティーブ・トンプソンと申します。わが社は今、この地域の業務拡大に力を入れておりまして、優秀でやる気のある人物を探しています。お知り合いで副収入を得たいと思っていらっしゃる方をどなたかご存知ではないでしょうか。ご紹介していただけるならその方にとって、多額のお金を稼げる上に市場での優位性を獲得できるチャンスになるかも知れません」。

大切なのは、直接リクルートしようとしないことだ。この話に興味がありそうな人を誰か知っているかと尋ねるのだ。どんな答えが返ってくるかは別として、聞かれた本人が「私が興味ある!」と思っていることもよくあるのだ。目的を達するには、第三者を利用した方がうまくいくだろう。

私に「拡大の急先鋒」を任せたのは誰だろうか?それは、私自身だ!自分自身に任務を課したら、次にはこの新しい責務を全うするのだ。

2、3人をリクルートしたとしても、現場へ出向くのは時期尚早だ。というのも、このビジネスを始めた当初、私は全国を飛び回ってリクルートしたての人をサポートしようとしたが、それでは生産性が上がらないことに気付いたのだ。私が代わりにやっていたら、彼らは仕事を全く覚えなかった。このやり方ではリーダーは決して育たず、依頼心を強めるだけだ。業務を拡大する際のシステムは、新人が地元のチームと共に働いて、あなたの電話サポートがあれば、少なくとも最初の昇格まではこぎ着けられるくらいにしっかりと構築されたものでなくてはならない。そのシステムがあるのに昇級できないとしたら、多分このビジネスには向いておらず、当然ながらリーダーにも向いていないのだ。再度繰り返すが、必要なのはリーダーである。

ビジネスの成功は、あなた自身のネットワークとチームに参加する各自のネットワークに大きく左右される。

リクルートした人が数人のメンバーを持つチームを作り、リーダーに昇格したら、現場を訪問するタイミングだ。数週間前に訪問予定日を決めて知らせよう。彼らには、スペシャルミーティングや昼食会、夕食会の準備の仕方を教えるのだ。それから、できるだけ多くの知り合いに、「〇〇市のチームと一緒に仕事をすることになっているのですが、〇〇市に知り合いがいる方はいないでしょうか」と聞くのだ。この根回しをせずに出張しても意味がないので、あらゆる人に知らせよう。そうして目的地に到着すれば、あなたの訪問が有意義になり、多くの人に迎えられるだろう。

チームをどこかで活動をさせる場合、まず優先して行わなければならないのが、メンバーを地元のチームに組み込むことだ。その場合、彼らを地元のリーダーの指揮から切り離し、自分で指導しようとしてはならない。その地域のシステムに組み込むのだ。

ここでは「共有すること」についての言葉を紹介しよう。

最大の成功は、自分が持つ最高の手立てと技術を差し出すことで得られる。寛容性は人々を助け、代わりに報酬が得られるのだ。波が高ければ全ての船が持ち上がる。だから、できるだけ高い波を起こせるように力を貸すのだ。決して利己的になったり秘密主義になったりしてはならない。率直かつ正直にふるまい、あなたの持つ最高のものを他人と分かち合う。あらゆる人に対して両手を広げ、温かく接するのだ。

あなたがゲストリーダーとしてよその町に滞在している間は、どんな地元のミーティングやトレーニングであれ、支援を惜しまないようにしよう。そうすれば、リーダーとしての価値も上がり、あなたのチームもより喜んで迎えられるだろう。地元の活動に参加しても、自分の業務に専念したり部下とだけで仕事をしたりすると、敵対意識や利己主義、嫉妬心などを掻き立てることになる。リクルートのチャンスは全ての人と分かち合っても、余るほどあるのだと覚えておくことだ。

毎年 18 歳を迎える若い人の数は、ネットワーク・マーケティングに長年携ってきた人より多い。ビジネスが飽和状態になることもないし、不足を心配する理由もない。豊かさに関心を向ければ、全てを手中に収められるのだ。重点的に取り組めば、最終的にはどんなものでも手に入れることができる！

私の親友や優れたビジネスパートナーの何人かは、私がこのシステムに従って仕事をしている時に出会った人々だ。新たな場所や人々を恐れることはない。成功を広めるだけでなく、多くの異なる文化から学ぶのだから、非常に大きな利点がある。私は特に、異なる文化に注目している。

移民文化のコミュニティは成長がより速いだけでなく、学ぶことがたくさんある。アメリカに渡ってきた移民の 1 世や 2 世は、一緒に仕事をするには素晴らしい人たちだ。非常に大きなネットワークを持っていることが多く、密接なつながりを持ち、互いに目配りしながら暮らしている。ビジネスを成長させながら、自分も成長するというのは、なんと素晴らしい方法だろう。

ビジネスの成功は、あなた自身のネットワークとチームに参加する各自のネットワークに大きく左右される。国籍、宗教、職業、個人的信条あるいは生活様式などで密接に結びついている集団のような結束の強いグループから学び、また一緒に仕事ができるとしたら、素晴らしいと思わないだろうか？**チャンスを油断なく捕らえつつも、売り込むのではなく、常に人の役に立とう。他の人を助けることに集中して取り組むなら、彼らもあなたを助けてくれるだろう。**

支援に感謝してくれる人がいて、同時に会社が同じ行動に対して何千ドルも支払ってくれるのだから、これ以上にやりがいのある仕事はない。私は、他の人々のためになる事に重点的に取り組むことで、何百万ドルも稼いできた。**そして、金銭では測りきれない報酬を得ているのだ。**

14

金のあるところで勝負しつつ、だが誰も軽視してはならない

新しいネットワーク・マーケティングのビジネスを始める時に、最初から「報酬プラン」を細部まで全て理解する必要はない。だが、ある程度早い段階で学ぶことが、成功を早める鍵であり、間違いを犯すフラストレーションも減る。ほとんどの会社は自社の報酬プランについてうまく説明をしているが、新人にはそれでもまだ謎が多いだろう。

一番勉強になるのは、その会社の経験豊かなレプレゼンタティブによるトレーニング・セミナーや助言を受けることだ。正しい情報や理解を得ているかを確認しよう。これはあなたの責任だ。理解できないことについては必ず質問をし、指導内容を裏付けるような成功を彼らが経験しているかについても確認することだ。また、www.AmbitPros.comのようなコンサルタントが提供するホームページで調べるのも非常に有効だ。こうしたページは、報酬プランや他社との比較方法について、分かりやすく説明をしてくれる。だが、最終的には自己責任だという点を忘れてはならない。

チームメンバーが自分の報酬プランのどの位置にいるかで、助力をしないなどということが決して起こらないようにして欲しい。これには重要な理由がいくつかある。では、主な理由について論じてみよう。

あなたのビジネスに携わる人は誰でも、ほとんど全ての人と何らかの

関わりをどこかの時点で持っている。ある人物(報酬対象外の人や自分のペイレッグでない人など)を助けたにもかかわらず、十分な見返りがなかったとしても、その人の活動や成功は、関わる人全てに影響を与える。馬の群に駿馬がいたとして、それがあなたを直接サポートする馬ではなかったとしても、群れ全体がその馬のおかげで早く走るようになるのだ。これまでの私のキャリアにおいても度々目にしたことがある。それは、助力しても直接の報酬をもたらさなかった人たちもいるが、彼らは私に報酬をもたらす人たちを指導する立場になったということだ。自分の人生がどうなるかは決して分らない。

助けを求めてコンタクトしてきた人が、目に見えない形で報いてくれる場合もあるだろう。最初から自分に合った会社を選ぶことが一番良いのだが、私はそれができなかった。私が最後に勤めた会社で個人的に一緒に仕事をした人たちの何人かからは、その時は見返りを貰えなかった。しかしながら、何年か経つと、彼らは私のペイレッグになったり、ペイレッグに大きな影響力与えるようになっていた。

私は当時新しく友人になった、クリス・アトキンソンと一緒に旅行業界で仕事をしたことがある。彼や彼のチームの活動からは報酬を得られなかったが、私たちはほとんど毎日、言葉を交わし、プレゼンテーションやトレーニングのために頻繁に一緒に出張した。人々は私のことをどうかしていると思ったようだ！私が現在の会社で仕事を始めた時、それは人生で最大の成功でもあるが、クリスが参加して、以後、私たちはかつてないほど密接に協力し合って仕事をした。彼個人の成長が、私自身の成長と所得に驚くほどの大きな影響を与えたのだ。彼は儲けの出ない仕事をスタートさせ、その後、経済的に大きく見返りを得た偉大な見本の一つである。

クリス・アトキンソンの肩書きは今や「ナショナル・コンサルタント」であり、私のチームの中に巨大なチームを作り上げた。

だから、人を決して見くびってはならない。だが重要なのは、勝負は一貫してお金のあるところでするということだ。

自分の時間の大部分は、最大の収益を上げる能力があり、実際に実行してくれる人たち（タイムマネジメントを扱った章−第10章−を参照）を常にリクルートし、一緒に仕事をすることに使うべきだ。報酬プランを十分理解するとともに、努力の大半を然るべき場所に注げば、大きな成果が得られる。

私は自分の時間に価値を設定している。1日の中には、リクルート、トレーニング、電話会議、三者通話をする時など、価値が最も高くなる時間帯がある。また、組織の中にも、最も「経済的価値が高い」部署がいくつかある。このことに留意し、同じ人物を何度も繰り返しサポートするような簡単で賃金の安い業務に甘んじてはならない。業務に慣れた人とだけ仕事をする方が、大きな成功を生み出す新たなリーダーの育成支援より、簡単に決まっている。では、このリーダーシップというものについてもう一度考えてみよう！

報酬プランをきちんと理解し、自分の将来と仕事の結果に責任を持とう。そして、最大限の経済的成果を得るために、果たして自分は「金のあるところで勝負している」のかを常に確認するのだ。

15

単に繰り返すのでなく、増幅させよ

MLMに携わる人は皆、「デュプリケーション」の効果を話題にする。デュプリケーションとは、自らの体験を誰かに教えて、自分のコピーを作り出し、ビジネスに大きな弾みをつける行為だ。ビジネスに弾みをつけて大幅に成長させるつもりなら、デュプリケーションはただ大切なのではなく、絶対に必要不可欠だ。しかし、弾みと幾何学的成長とを組み合わせることで、圧倒的な成功を生み出すのが「マルチプリケーション」である。そして実際には、人ではなくシステムがコピーされていくのだ。

人のデュプリケーションというフレーズがよく使われるが、業界のリーダーは皆、「そんなことは現実として不可能だ」という意見に賛同する。簡素化されたシステムを利用することでしか、真のデュプリケーションはもたらされない。人のコピーを作り出すことは不可能だが、多くの人は簡単で複製可能なプログラムをコピーすることはできる。

まず、個性に関わる部分は除外する。もしあなたの個性や、ほんの2、3名の人物の個性に頼ってビジネスが動いているなら、あまり成長は望めないだろう。自分のクローンなどは作れないし、人が持つ能力は皆少しずつ違っている。だから、個性をコピーして成功を目指すやり方は長続きしない。自分とどこか似たような人を2、3人探すことはできるが時間がかかる上、すぐに各人が持つ本来の個性が出てしまう。このビジネスにしばらく関わり、リクルートもうまくいっているようなのに、チーム内でデュプリケーションがあまり進んでいないとしたら、多分これが元凶だ。ビジネスを始めた当初は成功を収めたが、その後壁にぶつかり、原因を知りたいと切望しているコンサルタントたちと話す機会が、今まで数多くあった。そんな時は、自分も過去に同じ過ちを犯したことを話して聞かせ、この駆け出しのリーダーたちに、セールスの腕の良さや知識よりもシステムを使って最初からやり直すよう提案する。

多くの会社がリクルートやトレーニング、チーム構築のためのシステムを開発してきた。一般的にシステムの開発は会社そのものというより、現場のリーダシップの下で行われているようだ。もし、会社にそうしたシステムがない場合は、大物のリーダーと話をしたり、彼らのやり方を学んでみることだ。どうしても見つからない場合は、システムを作らなければならないが、その場合は、必ずしっかりした実績を上げているシステム開発者と一緒に取り組むことだ。MLMで成功を収めた経験のある「自己啓発トレーナー」に絞って探せば、見つけることができる。会社が立ち上がった時、システム開発の経験を持つ何人かのトップリーダーが集まって、独自のシステムを作り上げた。時々システムをマイナーチェンジするが、それはシステムの「デュプリケーション」に関する調整をするためで、システムを新しくするためではない。

弾みと幾何学的成長とを組み合わせることで、非常に大きな成功を生み出すのが「マルチプリケーション」だ。

システムはシンプルでなくてはならない。そして同じシステムに対応し、誰もが同じようにコピーしたり再現したりすることができる、リクルート用のテキストやビデオ、オンライン・プレゼンテーション、三者通話、トレーニングを基にしなくてはならない。システムは、1対1の状況であれ、2対1の状況であれ、個人プレーに頼ったプレゼンテーションであってはならない。個人のプレゼンテーションで説明用の図表やパワーポイントのスライドを使うようなシステムなら、やめた方がいい。現場で自前のプレゼンテーションを行うのは、集団を相手にした時だけだ。例えば、30人程度のホーム・ミーティング、オープン記念パーティ、あるいはそれ以上が参加するホテルや研修センターでのプレゼンテーションがそれに当たる。また、個人のプレゼンテーションのタイミングが不適切だと、デュプリケーションの道は断たれてしまう。

ここで述べたことは全て、システムから個性を排除しておくためのものだ。自前のプレゼンテーションを行うには、外向的な性格と話術が必要だ。これら2つの技術はみんなが持っているものではない。人前で話すチャンスが欲しくてたまらない人もいるが、十分に慣れたプレゼンテーションの実演をチーム全員ができるようになることなど、まず無理である。それに、そんな必要もない！

自前のプレゼンテーションや売る技術を用いるのに比べて、ビデオを用いる場合、成約率は下がるかもしれないが、契約書にサインをさせるのがゴールではないことを思い出そう。成功のために、成果を挙げているデュプリケーション・システムを、チームのメンバーに使わせるということがゴールなのだ！システムを使ったアプローチに任せよということだ。このアプローチは効果的なだけでなく、「マルチプリケーション」というマジックを可能とする唯一の方法なのだ。

誰かに見込み客用のビデオの見せ方を教えれば、結果としてあなたは「デュプリケーション」をしたことになる。そして、その2人がそれぞれ別の人にビデオを見せれば、結果として4人のデュプリケーションが起こったことになり、彼らが数人の人にビデオを見せ、その見せられた人がまた数人にビデオを見せたとしたら、結果として、ビデオを見せるという行為を何倍にもコピーしたことになる。こうして、何百人あるいは何千人もの人がこのシステムで同時に動いていくのだ。システムを守り続けることだ。軌道に乗るまでは少々時間がかかるかもしれないが、最終的にはシステム自体が機能し続けるので、あなたは自分が働く必要がないシステムを手にしたことに気付くだろう。MLMビジネスで圧倒的な成長を遂げるための、シンプルな鍵だ。

MLMにおける非常に有害な間違いの一つは、自前のプレゼンテーションやセールス技術で、オポチュニティを売り込んでしまうことだ。だが、このビジネスに参加するよう説得しなければならないのであれば、何をするにも説得しなくてはならない。ゴールは契約書へのサインを取り付けることではなく、このビジネスにわくわくしている人や意欲のある人を見つけ、そうした人たちの参加を促すことだ。

1対1で個人的に作成した説明用の図表やパワーポイントを用いて、ビジネスを説明することは「マルチプリケーション」のチャンスを奪うことになる。このビジネスを各自の個性に頼った販売ビジネスにしてしまう罠に陥ってはならない。仕事をするのではなく、ビジネスをするのだ。それもあなたが働かなくても、うまく回るビジネスを！

あなたに、おめでとうと言おう！

あなたは既に自分自身を開発した**ヒーロー**だ！本書や同種のさまざまな本を読み始めても、ここまで来るのはほんの一握り。このささやかな走り書きを目にしたあなたは、真摯に成功を追求していることを自分自身に証明したのだ。

よく知識は力なりと言うが、それは本当ではない。その知識を実際に適用してはじめて真の力になる。だが、「自己啓発」を学び、その全課程を修了することで、成功へと導く「数々の活動」を起こす備えができたということだ。

改めて、心からのお祝いを申し上げたい。

成功に向かって、

スティーブ・トンプソン

16

完璧な練習とは

このビジネスで大きな成功を収めるには少々の技術をマスターする必要がある。何も素晴らしいプレゼンターになる必要はない(だが、聴衆の前に立つことで、信用を得ることはできる)。忘れてはならないのは、リクルートをする際には三者通話を使うことと、見込み客を実際のプレゼンテーションでリーダーや契約担当者に引き合わせることであり、あなた自身が優秀なクローザーである必要はないのだ。報酬やマーケティング計画についての深い知識を持っている必要すらない。うまくなる必要があるのは、勧誘、三者通話、そして、フォローアップである。

> 勧誘上手な人はトップになれる。これは数の勝負で、世界中のあらゆるスキルを用いても、十分な人数と話をしなければ、トップになることはできない。よく言われることだが、間違った対象者にどんなに真っ当な話しをしても効果は上がらないし、ふさわしい対象者であればどんなに間違ったことを言っても問題は起こらない。ただ単にふさわしい対象者を見つけることが大切なのだ。

チーム内で成功している人と知り合いになって、彼らが人を勧誘する時に使っているセールストークを学んでみよう。自分の言葉に置き換えて練習するのだ。**よく「練習が完璧をもたらす」というが、実際には「完璧な練習だけが、完璧をもたらす」のだ。**だから、勧誘用のテキストを手に入れて優秀なリーダーと一緒に間違いがないことを確認したら、次に友人あるいは鏡を相手にしてでもよいから、それを練習しよう。その際、説明責任を果たしているかを確認しながら、ビジネスの命運がこれにかかっているかのように練習するのだ。なぜなら、実際そうだからだ！

勧誘とは、招待に過ぎないということを覚えておくことだ。招待なのだから、ビジネスを語ってはならない。「勧誘」と「プレゼンテーション」をごちゃ混ぜにすると、最終的に**失敗**に終わる。人は誰でもミスをするが、成功している人はそうしたミスから学び、常に改善に励んでいる。

完璧な練習だけが、完璧をもたらす。

勧誘がうまく行っていない場合は、誰かの助けを借りて、見直しと微調整を行ってみることだ。うまく行っているなら、それはそのままにして、何度も繰り返して技術を熟練させ、他の人にも教えよう。見込み客が一番初めに聞く勧誘は、その人にとっての最初のトレーニングでもある。なぜなら、彼らはこうしろと指導されたことよりも、実際にあなたがしたことを真似する可能性が高いからだ。

三者通話は、MLM において最も有効なツールの一つだ。最も効果的で最も安価なのに、残念なことに一番使われていないツールでもある。大抵のリクルートで三者通話を利用しないのは大きな間違いだが、正しく行うことが重要だ。三者通話の成功は、段取りと駆け引きによるところが大きい。

第一に、まだプレゼンテーションを見ていない見込み客を三者通話に参加させてはならない。そんなことをすれば、単なる2対1のセールスの筋書きに成り下がってしまい、失敗してしまう。

必ずあなたが当てにしているエキスパートやアップラインに、「フォローアップコールをするつもりなので、三者通話へ参加して欲しい」という内容を、事前に知らせておくことだ。これをするなら携帯メールが一番良い。できれば、余裕を持って知らせておくべきだが、エキスパートも忙しいので、電話をする直前に再度メッセージを入れることを絶対に忘れないことだ。電話をする件について、前もってエキスパートの了解が得られているのを確認すること。事前の了解が得られずに、見込み客を電話口に呼び出して、エキスパートが電話に出なかったら、非常に気まずい思いをするだろう。

見込み客と電話で話す際、あなたがプレゼンテーションに同席した場合を除いて、プレゼンテーションを確実に見たかどうかと、最も気に入った内容は何だったかを尋ねなくてはならない。オポチュニティ・プレゼンテーション のどこが気に入ったかを見つけ出すために、この質問を2、3回繰り返すことをお勧めする。なぜなら、彼らにとって何が大切なのかを知ることができるからだ。ポジティブな質問をすればポジティブな結果がついてくる、ということをいつも忘れないことだ。ネガティブな質問をしてはいけない。もし見込み客がネガティブな質問をしたら、直ちにその質問を尊重する態度を示しつつ、三者通話を始めるのだ。

その際、見込み客に許可を求めてはいけない。彼らが質問を始めたら、「ご質問がおありだということですので、エキスパートからお答えしたいと思います。そのまま切らずにお待ちください」とだけ言えばいい。そうして、その電話を保留してエキスパートに電話をかけるのだ。

エキスパートが電話に出たら、これから「山場」を迎えることと、見込み客がどんな人物かを伝えよう。次に全員が会議形式で話せるように三者通話に切り替える。見込み客には、「あなたは大変ラッキーです。こちらのエキスパート(あるいはメンター)は成功していてとても忙しいのですが、運よくつかまえることができました」と知らせるのだ。

仕事をするのではなく、ビジネスをするのだ。

あなたはエキスパートについて見込み客を啓発しながら紹介し、見込み客についても同じようにエキスパートに紹介する。それから話者をエキスパートに変えて、今度は彼があなたについて見込み客を啓発しながら紹介する。エキスパートから発言を求められない限り、あなたは黙っていることだ。

エキスパートに質問に答えてもらい、見込み客との契約を成立させるか、契約に近いところまで持ち込んでもらおう。電話の途中で、あなたがエキスパートの話に割り込むと、エキスパートへの信頼性を損なうことになる。余計な口は挟まないでおこう。

電話の最後で、エキスパートは見込み客との契約を成立させ、レプレゼンタティブとして登録するようあなたに指示するか、地元のプレゼンテーションにその見込み客を連れて行く、または、行かせるように指示を出す。エキスパートが見込み客に直接何かをするよう伝えることはないが、あなたには指示を与える。その後、エキスパートは見込み客に対し、歓迎してチームに迎えることを伝えて、ちょうど今体験したような形で個人的援助を提供すると申し出る。

フォローアップが成功の鍵だ。もしビジネスが順調に行っているなら、多数の勧誘を行っているはずだ。しっかりとした業務記録をつけ、見込み客に対して丁寧なフォローアップを続ける必要がある。そうすれば、明らかに言動が一致している誠実なビジネス手法に沿ったあなたの気遣いと一貫した態度を彼らは高く評価するだろう。

本書は、スティーブン・リスト（Steven List）と私、スティーブ・トンプソンの共著『Of Course You Can』（もちろん、あなたならできる）の続編であることから、この共著本を入手し、MLM を始めるための手引書として参照することを強く薦めたい。さまざまなハウツー情報はもちろん、最初の成功へと導く非常に効果的なトレーニングが掲載されている。

17

リードとマーケティング・システム

さて、「簡単なリクルートの仕方」というような顧客勧誘法を売りにする人には、これから述べることは受けが悪いだろうが、リードセールス（見込み客リストによるセールス）を行う者にとって、唯一結果がでる方法だ。ただ人と知り合いになったり、人を紹介してもらったりという従来の手法より、もっと多くのリードを生み出すことができる。もし 50 人の知り合いがいて、その 50 人それぞれが 50 人と知り合いなら、果てしない数になる。そして、あなたには 50 人以上の知り合いがいるに違いないだろう。

自分のウォームマーケットつまり、既に面識がある人たちを中心に活動して、新しい人や紹介してもらった人と知り合いになり、ウォームマーケットを育てていくべきだ。拒絶される経験から学びたいと強く思っているなら別だが、全く知らない人にセールスや勧誘をしようとしないこと。その代わり、人と会うときは良い人間関係や友情の構築に集中することだ。

初めて会う人とは次の F.O.R.M を話題にして話そう。

F:ファミリー（Family）　　相手の家族や友人

O:職業（Occupation）　　相手の職業

R:レクリエーション（Recreation）　　どんなことをして楽しむか

M:マネー（Money）　　好きなことをするお金は十分あるか

F.O.R.M を話題にしてじっくり観察すれば、その人物のことが分かり、良い関係を作れるだけでなく、あなたの扱う商品やサービス、ビジネスが

どのような形で彼らの生活に役立つかの知識も得られるだろう。

新しく知り合いになった人を勧誘したい誘惑に負けないようにするのはもちろんだが、知り合ってから3、4週間は、このビジネスの話は全て避けるべきだ。もしその話題が振られた時は、質問に簡潔に答え、それから話題をF.O.R.Mに戻すのだ（例えば、「確かに私は『〇〇社』のプロのネットワーカーですが、あなたのお子さんのことをもっと話してください」などと言えばよい）。

ポジティブな質問をすればポジティブな結果がついてくる、ということを常に忘れないことだ。

もしあなたの目的が製品やビジネスを売り込むだけだったら、相手はほんの一瞬で感じ取ってしまう。時間は十分あるのだから、知り合って何度か連絡を取り合ったり話したりすれば、彼らはもっと純粋にビジネスについて興味を持つだろう。あなたが説明しようとするより、彼らが自分でビジネスについて質問をするときの方が一層興味を持つはずだ。

リレーションシップ・マーケティングは人間の関係性が全てである。だから、そのことを常に心に留め、日頃の実践でも気を付けることだ。世界の95％の人が「売る」という行為を好まないし、多くの人が「何かを売る人」を好まない。だから、押しの強いセールスマンになるより、共に分かち合う友人になることだ。

このことを、今までに学んだ事と結び付けて行動すれば、ウォームマーケットを維持していけるだろう。副業のネットワーカーでも、大きなチームを持っている人でも、自分で十分なフォローアップができないほどにビジネスを拡大しないことが大切だ。1日に接触する見込み客は、2人にすることを勧める。だが、ここでも行き当たりばったりではなく、自分で準備し書き留めた優先順位リストに基づいて行動することだ。1日2人との接触を少なくとも週5日行い、その記録をしっかりつけ、フォローアップする。こうした接触をしながらも、あなたがしていることは、リレーションシップ・マーケティングであるということを忘れてはならない。新しい人間関係の構築に、１日にある程度の時間を投資しよう。毎日新しい人３人と必ず知り合いになるのが大切だ。そして、何かを売り込もうとはせず、友達になろうとすることだ。少なくとも21日間にわたって連絡を取り合い、人間関係を築けば、彼らはあなたのウォームマーケットの一員となり、見込み客が不足するような事態には絶対に陥らないだろう。

そうなるためにはどれくらいの時間が必要かって？１日ほんの数分、多分週5日程度でよいだろう。こうすれば、素晴らしく充実した見込み客リストができる上、自分の顔を売って影響力を増やしながら、ネットワーキングで必要なさまざまなスキル、つまり、話を良く聞く、徹底的にチェックする、気遣う、記録をつける、といった能力を習得できる。

さて、よく最高の見込み客とは以下のようにE.R.I.C.を持っている人々だと言われる。

E:起業家精神（Entrepreneurship）　企業家としてのスキルと経験

R:資金や手腕（Resource）　ビジネスを始められるだけの財力と同時に、多数の見込み客リストを準備できる能力

I:影響力（Influence）　影響力のある人物だろうか？人々はこの人の言うことに耳を傾け、従うだろうか？

C:一貫性（Consistency）　一貫性を持って任務をやり遂げた経験があるか？

これが的を射ているなら、あなたもこうした人物になれるよう日々努力せねばならないのではないだろうか？自分自身が友達になりたいと思うような人物になって、リクルートに取り組めば、うまくいくのだ。

18

積極的な心構えとチーム文化を育てる

「できると思えばできるし、できないと思えばできない」というフレーズを、誰もが皆聞いたことがあるだろう。周囲の状況をコントロールすることはできないが、その状況に対する自分の反応をコントロールすることはできる。優秀なリーダーになるには、物事のポジティブな面を探すことが必要だ。問題の陰に隠れているチャンスを探すのだ。そうでないと、問題をうまく回避することにばかり集中しなくてはならない。問題を解決し、勝ちに行く姿勢を育てなくてはならないのだ。

誰だって勝ち組にいるのが好きだ。結果として、ほぼ全員が勝ちに行く姿勢を持つリーダーに従おうとする。あなたはそういうリーダーになる必要があり、それを行動で示すことで、他の人が同じように育つ助けにもなれる。私は、「非常に大きな問題を抱えています」という言葉で始まる電話やメールが大嫌いだ。こうした言葉を見れば、電話をかけている人あるいはメールを書いた人が、ネガティブになりかけていることが分かる。こういう時こそ、ポジティブな側面をそれとなく穏やかに気付かせるのだ。

常時ネガティブな人とは仕事を継続しないようにしているが、こうした人にも必ずポジティブな考え方を示すようにしている。彼らに何らかの影響を与えられるかもしれない。少なくとも、こうした試みをすることで、交流を断つ際に自分の気持ちが済むのである。**私たちは人が人を助けるビジネスに携わっているのだ。**チャンスを失ってはならない。

チーム文化とは、勝ちに行く姿勢、リーダーへの敬意、人の成功を共有し気持ちよく喜ぶ態度を指す。さらには「積極的に勝ちに行く姿勢」のことであり、全員の経済的自由を目指して協力し合う、まるで家族のような人たちが集まった集団全体に行き渡るものだ。そこには母親が子に教えるようなシンプルなルールが存在する。

> 迷ったときは次のことを自問せよ。
>
> 質問1.　チームの新人にとって何がベストか。
>
> 質問2.　チーム全体にとって何がベストか。
>
> 質問3.　あなたにとって何がベストか！
>
> 上記の順で整理すれば、それ以外のほとんどのことは自動的に解決する。

人は何かに属することを好むから、ただ一緒に仕事をするだけでなく、親睦イベントや表彰式などを計画することも大切だ。「供に楽しむ人々は、いつまでも別れない」という表現を知っているだろう。私はチームのために、イベントやピクニックを主催するのが好きだ。あまりにも大人数なので全員は無理だが、リーダーのためにこうした催しを開催し、彼らの下にいるリーダーのために、同じことをするよう、彼らに勧めるのだ。

常に次のイベントを盛り上げるための準備をしよう。それは生産性を向上させるだけでなく、結束を高める最高の機会である。会社のイベントへの参加を全員に働きかけるのだ。チームを誇りに思うのはいいが、他のチームとの違いを際立たせて浮いてしまわないよう気を付けるべきだ。もう一度繰り返すが、会社全体が一つのチームであって、「私たちのチームとその他のチーム」ではない。私が好むのは、「チームワークを示す襟章」のような小さな仲間内のしるしを使うことだ。誰にでも分かるが、コーポレートチームという枠の中で、他のチームを傷つけることも、不快にさせることもない。

次のことを心に刻もう。あなたのチームメンバーで会社のイベントに参加する人は、真のリーダーになるだろう。大げさなことを言って、チームへの新規加入を増やす者もいるが、会社やチームのイベントをサポートするのが本当のリーダーなのだ。イベントに参加したメンバーに注目し、彼らへの支援に全力を注ぐのが良いだろう。

新しくリーダーになったら、小さなイベントを複数主催するべきだ。公園や湖での集い、ディナーやピクニックなど。自宅を使うのは素晴らしい方法だ。なぜなら、イベントをより私的な雰囲気にするからだ。こちらで全てのお膳立てをしてはならない。持ち寄りにしたり、手助けを頼んだりして、全員に参加してもらおう。これはチームを作ることなのだ。

誰もが勝ちに行く姿勢を持つリーダーに従おうとする。

今日に至るまで、トレーニングや講演で知らない市や町を訪ねる時には、なんらかの交流活動を設けるようにしている。例えば、リーダーを招いての昼食会だったり、またよく行うのが、その地域のリーダーを一堂に会しての少し早めの夕食会だったりする。繰り返すが、このビジネスはリレーションシップ・マーケティングなのだから、人間関係の構築をたゆまず続けることが重要だ。私がごく「普通で親しみやすい」ことに感銘を受けた、と言ってくれたり、手紙で伝えてくれたりする人がかなりの数いるが、いつもこうした人々によって報われた気持ちになる。それが他の多くのリーダーと私が異なっている点だ。

MLM には、この業界を依然として支配している古いしきたりがある。権力の中心にいたがる人たちによって守られてきたものだ。私はトップリーダーと会って特別な時間を過ごすことで、特別な絆を築けると考えてはいるが、ビジネスを成功に導いてくれる普通の人々に対して、お高く止まったり、よそよそしかったり、あるいは、他人行儀な態度を取りたくはない。私はしばしばプレゼンテーションに早めに行き、その数分間でできるだけ多くの人に自己紹介をする。新しいレプレゼンタティブや見込み客に先に自己紹介し、プレゼン時に正式に紹介してもらうと、既に個人的に挨拶を済ませていることでポジティブな驚きが一様に起こり、絶大な効果となる。

私について書かれたもので素晴らしかった表現の一つに「人並み外れた業績を出す普通の人物」というのがある。私は、自分の業績を自慢したり、一覧表にしたりする人間とは全く違う。プレゼンテーションがきちんと推進され、講演の際に正しい評価で紹介してもらえれば、自分の偉業を自慢する必要はない（自分が優れていれば、自らのことを語らなくてはという気持ちになるが、実際に偉大になると、他人があなたのことを語るようになるのだと覚えておこう）。**さあでは、偉大になる努力を開始しよう！**

夢中になれ、集中せよ、そして絶対諦めるな！

パブリック・スピーキングにはある程度創作上の特権があり、私はその特権を使って聴衆をリラックスさせ、ちょっと楽しむことにしている。しばしば、「今日はどんな人でも成功できるということを、皆さまにお見せするよう、ここに派遣されてきました」と聴衆に言うことから始める。そして、「これから数分の間、私の話に耳を傾けてください。そうすれば誰の目にも明らかになるでしょう」と伝える。よくする質問には、「ハイスクールの成績がクラスの上位半分だった人はどれくらいますか？」といったものがある。手を挙げてもらい、すかさず、「私のような人間がいますから、このビジネスでもそうなれますよ」と付け加える。さらに、「昔は法科大学院に憧れていたんですがね…大学に行っただけで嫌になりました」と話す。自分のことを笑って、他の人も笑ってくれるのが好きなのだ。彼らは新たな友人なのだから、友人のように接しよう！

こんなことを何度も話しているため、以前私の話を聞いたことのある紹介者が、当時の私の様子を述べて、まるでパーティーの席の友人のように紹介してくれる。私は南部（テキサス州）出身だが、自分の話す南部の方言を擁護するよりは、笑いの種にして悲観的な人の気持ちを和らげるのに使い、イベントを楽しいものにするよう気を配る（聴衆のほとんどはブルータイプの人間だということを思い出そう）。多くの優れたパブリック・スピーカーは、聴衆に演説を行うのではなく、どちらかと言えば、新しい友達の大集団と気さくな話をすることが必要だと知っている。

チームであれ会社であれ、その姿勢や**文化**には楽しむ気持ちが必要だ。ほとんどの人が、従来型の仕事やビジネスで働き過ぎて疲弊し、不満を持っている。だが、私たちの業界は、人間関係を深める喜びを感じながら他の人を助けるという、独立性、楽しみ、やりがいのある仕事を提供するものなのだから、そうしたものとは無縁でなくてはならない。個人的に成功するだけではいけないのであって、他の人の望みを大切にすることで成功を収め、多くの人の生活を真に改善することに喜びを感じるのだ。正しい姿勢と適切な教養をもって行えば、それがパーフェクト・ビジネスとなる。

19

チームとの連絡を欠かさない

自分のチームとは非常に親しくなるべきだ。E メール、ニュースレター、携帯メール、電話会議、電話、実地の会合やトレーニングなど、これらを使えば、何百、いや何千もの人と連絡を取り合うことができる。

そして、副業でこのビジネスを続けよう。そう、あまり早く仕事を辞めるのは避けるべきだ。大抵、今の仕事を辞める前に、現在の収入の倍以上を稼ぐ必要がある。時々、今の仕事が本当に嫌いで、早く辞めたがる人もいるが、仕事を辞めたからといって MLM の業績が早く伸びるなどと**思ってはならない**。切羽詰まっている時は、リクルートするのも難しいのだ。

どんな人でも成功することができる。

偉大なジム・ローンの言葉に着目してみよう。「私は〇〇ビジネスを副業でやっているのですが、かなりの額の収入があるのです。どういうことかお知りになりたくないですか？」と言えるときは、リクルートがずっと簡単だと彼は語る。これは心理的なものだ。フルタイムで働いて 10 万から 20 万ドルも稼ぐとしても、パートタイムでその半分を稼ぐ人ほどには印象に残らない。短い時間に大金が稼げる点に、人は興味を持つのだ。

このビジネスは仕事である以上に付き合いを重視する。現代の MLM ビジネスは電子メディアによって動かされているのだ。過剰な E メールや携帯メールを送って人々に負担をかけたくはないが、定期的にメッセージを送ることは大切だ。週1回か2回、最新のイベント情報、あるいは、イベントスケジュールや成功談を送ることで、チームの一員としての触れ合いを感じさせることができる。

コミュニケーションのツールとしての E メールは、このビジネスでは効果が薄れつつあるようだ。今日のように瞬時に満足を得たい社会では、携帯メールでのやり取りがますます多くなりつつある。グループメールの形態には、グループメッセージ用ソフトを使ったものやツイッターなどのウェブサービスを通したものなどがある。私はトップリーダーとの連絡にはグループメールを使い、迅速な対応をしてもらっている。大きなグループを率いるリーダーの多くは、レプレゼンタティブを地域別にグループ分けし、各地域に合わせた情報を流せるようにしている。ほとんどの会社の配信システムは、ある特定の地域にＥメールを送ることが可能だが、近い将来、これも携帯メールに移行するかも知れない。

依然として電話会議は最もシンプルで特別な機器も要らず、移動中でもよく機能するが、インターネット上の会議システムであるウェビナーが、これまで電話会議が占めていた地位を急速に奪いつつある。多くの人にとって、聴覚からが一番学習効果が高く、視覚からはそれなりに効率的に学べ、読書からの場合は学習効果が落ちる傾向にある、ということが分かっている。とはいえ、あなたと私はここで読むことを媒介としているのだが・・・。ウェビナーのおかげで、今まで以上に広い範囲に最も効果的な規模で、これらの情報提供システムを組み合わせることが可能になる。

携帯メールは、電話やプライベートな会話のように相手の人柄を感じさせるものではないかもしれないが、その速さは、こうした欠陥を補って余りあるものだ。このビジネスを始めたら、できるだけ早い時期に使い始めることだ。なぜなら、大きなグループに恵まれる頃には、どのみち多くの人と会話をする時間などないからだ。携帯メールを使うと非常に速く、大抵とても分かりやすい形でコミュニケーションが取れる。受け手の携帯にあなたの情報が登録されていない場合、誰からのメールか分からないので、メッセージにはきちんと署名してどこにいるのかも記すようにすべきだ。

私は毎日たくさんのメッセージを受け取るが、誰からか、どこから来たのかが皆目分からないために、返信しないものがいくつもあるのだ。必然的に、知っている人のメールを優先して対応することになる。何千人もいるチームを抱えている場合、携帯電話に全員を登録することはできない。送り手が誰かがすぐ分かり、きちんとした言葉で質問や要望が書かれたメッセージならば、通常すぐに返事があるだろう。一方、携帯メールで単に、あなたと話がしたいとか、電話をかけて欲しいとかだけ書いて送ってくる人もたくさんいるが、そんな書き方では返信は貰えないだろう。そのような連絡をくれた人の中には、私にはどうしようもないことや興味のないこと、あるいは、ビジネスにすら関係ないことを聞いてくる人がいるかもしれないからだ。

要するに、E メールや携帯メール、電話会議、ウェビナーを積極的に活用しない限り、取り残されてしまう可能性がある。E メールや携帯メールは頻繁にチェックしなければならない、また、フェイスブック、リンクトイン（Linkedin）、ツイッターを使っていないなら、時代に乗り遅れている。電子通信は強い味方であり、何千もの人と常時連絡を取り合うことを可能にしてくれるのだ。

20

他のリーダーと働く

ビジネスや会社が栄えるのも衰えるのもリーダーシップにかかっている。優れた会社を作るには多くのリーダーが必要だ。リーダー全員と仕事で接点を持つことはないかもしれないが、彼らは皆会社の成功にとって大切な存在であり、ゆえにあなたにとっても大切な人たちなのだ。他のチームのリーダーを高く評価し、主催するイベントに彼らのグループを喜んで迎えるのは極めて重要なことである。かつて保守的な考え方をしていた時代にはメンバーはダウンラインごとに分かれていて、それがビジネスの成長を遅らせていた。リーダーたちは一緒に働き、リーダー同士もチーム同士も互いに助け合うべきである。しかしながら、もし別のチームのレプレゼンタティブから支援を要請された場合は、そのチームのリーダーを高く評価し、彼らのリーダーが教えたこととわずかでも食い違いがある場合は、リーダーの言う通りにするよう伝えることが重要だ。また、アップラインのリーダーシップを日々頼ることになるのだから、自分たちのリーダーと波長を合わせてうまくやっていくことが大切だ、と釘を刺しておこう。

大規模なグループ・プレゼンテーションで、それぞれのチーム意識が顔を出すことがあってはならない。さまざまな人が集まるパブリック・プレゼンテーションでは、全員が一つの「チーム」であり、排他的にならず、会社全体として包括的に話し、行動しなければならない。全員がコーポレート・チームのメンバーとして行動しているのだから、誰がどのチームに所属しているかをゲストに気付かれるようではいけない。他のリーダーに対して身勝手に防衛的になるよりも、できる限りの便宜を図り、共有すれば、リレーションシップ・マーケティングでいっそう大きな成功を得られることを実感するだろう。

リーダーは皆、会社内で統一されたシステムを構築すべく取り組まなくてはならない。リーダーが「他チームの事」と「わがチームの事」という考え方を統制しないと、会社は崩壊してしまう。どんなリーダーであれ、いや、複数のリーダーであっても、「成功法へのあらゆるアイデア」を常に有しているわけではない。

T.E.A.M.（チーム）という考え方に常に従うのだ！

Together, Everyone Achieves More!

「一緒にやれば、皆もっと業績を上げられる！」

見込み客や新人コンサルタントがビジネスに参加したばかりのときは、このビジネスで肩書が持つ意味を知らないかもしれない。だが、彼らはこうしたタイトルを成功の証としてだけでなく、会社を代表する役職に類似したものと結び付けて考えるだろう。ランクが高ければ高いほど、会社の役員かなにかのように考える。事実は明らかに違うのだが、知らないことは知りようがないのだから、新人は分からないのが当然である。

T.E.A.M.（チーム）という考え方に常に従うのだ！

Together, Everyone Achieves More!

「一緒にやれば、皆もっと業績を上げられる！」

リーダーシップがあれば、責務の達成感が必ず得られるだろうか？できるだけ多くの責任を引き受ければ、リーダーシップを発揮することができ、肩書が得られる。このことを理解すると、リーダーを見る目も変わり、肩書きの重要性が少し低下する。肩書があるのにリーダーシップに欠ける人がいる一方で、優れた指導力を発揮しているのに、肩書がまだない人もいる。しかし、肩書の保持者には常に敬意を払うべきだ。

他のリーダーや自分のチームと一緒に仕事をするしないにかかわらず、

会社が成功するのもしないのも、リーダーシップ次第だということを忘れないように。排他的にならず、包括的視点を持つ責任がある。他の人との交流は、その都度、あなたの指導力を向上させるチャンスになるだけでなく、相手の指導力の向上を助ける良い機会でもある。自分のチームでなくても、リーダーを助けることは、自分自身のビジネスを大いに向上させるだろう。私たちのビジネスは、この点で従来型のビジネスとは大きく異なり、それが最大の強みでもあるのだ。

トップになるために他人の足を引っ張ったり、人より良くやってやろうと思ったりしてはならない。それとまったく逆のことをするのが正解だ。他のリーダーを助け、引き上げて、皆が最高峰へと上り詰めることができるようにするのだ・・・それも全員で！

リーダーが皆で協力して働き、互いを引き上げ、トップに上り詰める。私たちのビジネスは、なんと恵まれていることか。

21

時機を選び、仕事をやり遂げる

ごく短期間で成果を上げている人も見てきたが、ほとんどの人にとっては時間がかかることなのだ。そんな私はこの業界に 18 年間携わり、何年かかけてある程度の成功を収めるようになったが、さらに頑張り続けたことで、「最も稼ぐ人」の一人になることができた。

私のキャリアはハーバライフ社のビタミン剤のビジネスから始まった。ハーバライフ社は素晴らしい会社で、ここでの経験がネットワーク・マーケティングにおける自己の成長や経済的な成長に対して目を向けるきっかけとなった。ある程度稼いではいたが、ハーバライフ社の製品を日常的に扱うことにはあまり熱意を感じることができなかった。そこで、他のチャンスがないかと検討をし続けたのだが、別の会社に加わるまでには何年もかかった。

次の会社はエクセル・コミュニケーションズ社だった。非常に卓越した会社で、サービス、つまり、長距離電話サービスをリレーションシップ・マーケティングと組み合わせるという画期的な事業を推進していた。なんという素晴らしい組み合わせだろう。というのも、ほぼ否応なく発生する通信サービス費を実際に軽減することを可能としたからだ。だが私はタイミングを逸しており、貴重な教訓を得た。

私が加入した時点で、会社は何十億ドルを超える販売高を誇り、50 州全てへと事業を拡大していた。だが、携帯電話やブロードバンドサービスが優位になり、エクセル社の技術革新が進まない中で、長距離通信は消滅を余儀なくされた。ここで約 8 年間過ごした頃、会社経営者は退陣し、私には経験だけが残った。多くの同僚が MLM を後にして、私もやる気をなくしたことが一時期あったが、決して諦めないと思い直した。

2、3年後に私はスキンケア業界の会社に招かれた。私の経験を買い、ビジネスに加わって欲しいと言うので、参加を決めた。それまで誰からもそのようなことを言われたことはなかったのだ。だが、この会社の財務の健全性や管理状況を私はよく気を付けて見ていなかった。

優秀なリーダーになるには、物事のポジティブな面を探すことが必要だ。

経営陣にはほとんどMLMの経験がなく、ある億万長者の支援を受けていたが、実際には会社を軌道に乗せるための資金は十分でなかった。ほんの数か月後には、会社はコミッションのカットを行い、事業拡大を抑え、極端に価格の高すぎる製品を市場に出そうとしていた。それは、最悪の事態を招く処方箋だったが、私は直ちに職を辞すことができて幸運だった。そして、旅行関係のネットワーク・マーケティング業界に移った。

私が選んだこの会社は、資金力の面で十分ではなかったが、扱っている商品は多額の資金を必要とするものではなかった。大した投資をせずとも、すぐにもアメリカ全土で事業展開することができ、実際、即座に全国各地に拠点を開いたのである。多くの国々に次々と拠点を開いた。会社自体は私が働いた中でも、ネットワーク・マーケティングの分野では最高の業者の一つだったが、ただ、商品の利益率があまり高くなかったのだ。会社はあまりにもセールス重視だったので、常に不安定さを抱えていた。

私が加入したのは会社の立ち上げ期で、スキルも持っていたお陰で、「高所得者トップ20」へのランクインを初めて経験した。トップ12位までになったが、大抵の人はこれではそれほど稼げないだろうと分かっていたし、会社自体は常に「MLM回転資金」を奪い合うような状態だった。私は仕事を辞したが、会社はその後も「うまく」やっていった。だが、それは私が探し求めている「うまい」やり方ではなかったのだ！

その頃、アンビット・エナジー社に関する電話を受けた。エクセル社で数年過ごしたおかげで、この会社のコンセプトは、私にとって大変馴染みのあるものだった。アンビット・エナジー社は私が求めていたものを有していた。

この会社の財政支援は、経済的に成功している超大物たちから受けていた。会社は設立資金の借り入れをしておらず、まだ顧客さえいないうちから、既に信じられないほどの成功を収めている経営陣を雇っていた。会社の事業は成長し始めたばかりだったが、その当時だけではなく、その後 10 年から 15 年は成長期がそのまま続きそうに見えた。というのも、ビジネスが拡大するにはそれくらいはかかりそうだったからだ。そしてこれは、「自由主義世界の歴史上」最大の規制緩和であった。まさに求めていたものであり、私は新たなスタートを切った。

今の私は大抵の場合、こうした新規事業の立ち上げ期の参加を人に勧めようとは思わない。会社はまだシステムも整備されておらず、マーケットもあまり開拓されていなかった。事実上、ミーティングもビデオもなく、あるのは初期段階のネットワーク支援だけだった。だが、会社には計画と資金、そして積極的に取り組む気概があり、私にはスキルがあった。現在、この業界に新しく参入する人たちは、ずっと良い状態から始められるはずだ。なぜなら、ビジネス構築段階を経てもなお、拡大と推進の余地が多く残されているからだ。

さて、これから多くの人にとって聞きたくないことを話そう。私は大変な努力の結果、単に社内だけでなくこの業界全体で「最も稼ぐ人」の一人になった。**このビジネスはネットワーク・マーケティングであり、ネットワークで願いをかなえるマーケティングでもネットワークで運よく稼ぐマーケティングでもない。つまり、これは仕事なのだ！**私はここ数年間、それまでになかったほど懸命に働いた。より多くの出張をこなし、より悪戦苦闘し、より多くの問題や挫折や拒絶に直面した。だが今私は、ほとんどの人が夢見ることさえないような素晴らしい生活をしている。私はこの章を、夏の休暇を過ごすためにフロリダからニューイングランドに向かう豪華自家用ヨットで執筆している。自分が所有する狩猟のできる夢のような大牧場で暮らし、自家用機でプレゼンテーションに出かける。ネットワーク・マーケティングのお陰で私の将来は保証され、経済的自由を享受している。多くの人がいまだに「そんなことは、うまくいくはずがない」と言う。だが、その真意は「俺たちは働きたくない」だということを、私をはじめとする何千人もの MLM のプロは知っている。

私は保険業界に入り、権利収入というものに 20 代で出会えて本当に運が良かった。権利収入について学ぶことが、私をある一定レベルの経済的自由と豊かな生活へと導いてくれた。だが、MLM の「イクストリーム・レバレッジ」と、ほとんど誰もが利用するサービスから得られる正当な「権利収入」とを合体させて、さらにそれと、人を支援したことで報酬を得られる「ビジネスモデル」とを組み合わせたら、あなたは夢をかなえる材料を全て手に入れたことになる！

ビジネスでのあなたの幸運を祈っている。自分を信じ、自分の会社を信じ、そして自分の未来を信じるのだ。

22

成功を期待しよう！

あなたは大志と呼べるような目標を持っているだろうか？これまでに、それらのゴールを設定することに時間を費やし、どうすれば達成できるか考えたことがあるだろうか？自由はタダではない。あなたは「経済的自由」のために対価を喜んで払うつもりがあるだろうか？これらの質問は、成功への道筋を歩き出す前に自問すべきほんの数例である。

前にも言ったように、私は今享受しているような生活を手に入れるために、数年にわたり爆発的なエネルギーと献身的な努力を大量に注ぎ込む意思があった。スポーツ選手や映画スターから多くの実業家やCEO に至るほとんどの大富豪が得ているのは、ここで話題としているような桁の「所得」ではない、ということに気付くのが重要である。

私は自家用飛行機、豪華ヨット、夢のような大牧場、美しい家、そして何百万ドルもの権利収入を享受しているが、だからこそ、あなたにはこのような夢、いや、さらに大きな夢を実現して欲しいいのだ。私はあなたの夢の全てをかなえる手助けをしたい。だがそれには、今の私のような生活が送れるようになるには、どれほど膨大な量の仕事に取り組まなくてはならないかを理解しなければならない。だから、本来すべき努力の 4 分の 1 か 2 分の1程度の働きで、高額の所得を得たいと考えているとしたら、成功に「ただ乗り」はないのだと明確に理解する必要がある。

もし、これから懸命に働いて他の人の支援に全力を尽くすつもりがあるなら、将来素晴らしい生活が待ち受けている。夢を実現することができるのだ。これからの数年はあっという間に過ぎることだろう。私はごく短い期間、代償を払ったが、今、生涯にわたる成果を楽しめていることを幸せに思っている。

ほとんどの人が、簡単に稼げ、瞬時とはいかなくても素早く成功できることを夢見て、ネットワーク・マーケティング業界に入ってくる。また、単に生活の足しにするために、ちょっとした小遣い稼ぎをしたいという希望で参加する人もいる。前者が持っているのは希望やたぶん夢とも呼べるものだが、それらは決して「ゴール」や「計画」ではない。後者はこの業界を支える人たちの考え方だが、通常、自分のささやかな目的しか達成しようとしない。

長年の間、私にとって MLM はこの程度のものだった。投資や自分の生活を向上させるために役立ち、なにがしかの副収入を稼ぐ手段が MLM だと何年間も思っており、それでうまくいっていた。何年も数千ドル程度を稼ぐだけだったが、運よくそれを上手に投資し、お陰で生活は向上した。実際、自分が巨額の富を手にするような成功を収められるなどとは考えていなかった。確かに成功してはいたが、このような考え方が自分自身に歯止めをかけていたのだ。

数年前、この業界が私にとって天職であることに気付いただけでなく、私には成功するためのスキルも成功への渇望もあるのだから、このビジネスで本当に人生を変えることができるかも知れないと気付いた。私は自分の「空き時間」を不動産業や短期投資・証券取引に割くのをやめ、また、経営していた音楽マネジメント会社も手放して、時間の全て（私のビジネスの中核である保険業を除き）をネットワーキング業界で大成功するという高みに至るために集中して使い始めた。自分は複数のことを同時にこなすのが極めて得意な人間だと思い込んでいたが、実際にはプロのネットワーカーになるために真剣に取り組んでいなかったと悟ったのだ。

それが、私の人生の分岐点だった。恐れも激務も必要なら全て織り込みつつ、自分のキャリアを積極的に受け入れて、自分をネットワーク・マーケティングのプロとして売り出し始めた。誇りを持って人に伝え始めたのだ。MLM に全力を注いだ結果直面するかも知れない失敗で、自分の自尊心が傷つかないように、他の事業を隠れ蓑にするようなことをやめた。

おかげで私は自由になった。別の道への退路を断ったことで、頂点へ続く道が明確になったのだ。頂上からの眺めは素晴らしい。この山の頂に辿り着きたいなら、勝負の土俵に立ち、MLM の成功に意識を研ぎ澄まして集中することだ。

私は 10 年にわたり、いわば見習い生として過ごしてきたが、本気でトップの座に就こうという努力を始めたのだった。リーダーシップを発揮し、しかるべき代償を払い、辛い時間に耐え、失敗に苦しみつつ、そして成功を喜んで受け入れて、さらに積極的に掴みに行く時が来たのだ。それは、月並みな生活と月並みに生きることからの解放を求める旅の始まりだった。

懸命に働き、他の人の支援に全力を尽くすつもりがあるなら、自分の夢を実現できる。

ここ数年（MLM での 19 年のうち 8 年）は私の人生で最も厳しくかつ最も報われた期間だった。かつてないほどの出張をこなし、家族の時間を失い、約束を反故にされ、試行錯誤に苦しんだ。だがその一方で、より多くの喜びを感じ、より多くを学び、より多くの新しい友達との出会いがあり、より多くの新しい文化を知り、より良いリーダーになり、そして、「経済的自由」を手に入れた。

私が現在の会社に加わった時、会社はまだ事業の立上げ期にあった。会社には社員 13 人と、数百名ほどのコンサルタントやレプレゼンタティブしかいなかった。私たちは一丸となってシステムの開発に取り組んだ。その頃はツールもあまりなかった。ビデオはなく、ホームページが一つあるだけ。パワーポイントを使ったプレゼンテーションの開発は進行中で、2、3のグループ・プレゼンテーションだけが行われていた。

それはつつましく、厳しい始まりだったが、仕事の見通しを立てる能力があり、確実に実行できる経験豊かな人間には、大いなるチャンスだった。業務用のツールやシステムが開発されるのを待つことはせず、自分たちでシステムを開発したり、有るものを活用して、さらにひた向きに働いた。多くの人が、プレゼンテーションやトレーニングを、ホワイトボードや模造紙を使って行った。

会社はダラスに本社があったため、ダラス近郊でいくつかのミーティングが行われた。私はテキサス州のオースティンに住んでいて、プレゼンテーションをオースティン市郊外からスタートしたが、その当時、市自体はまだ規制緩和がされる前だった。私には何千人もの友人やクライアントがオースティンやサンアントニオにいたが、これらの地域は今日に至るまで、エネルギーの販売は禁じられている。売上を上げるには出張しなければならないことは明らかだった。

私はテキサス州全域を車で回り始めた。ヒューストンには毎週出かけ、数日間滞在した。毎日、新しい見込み客やコンサルタントを車に乗せて走り回り、彼らの友人や別の見込み客を紹介してもらった。待つのではなく、積極的に勧誘したのだ。大抵の場合、知り合った人をその夜のプレゼンテーションに招待し、1日に1人以上の勧誘を行った。プレゼンテーションは新しいメンバーの助けを借りて設営し、通常プレゼンテーション自体は自分で行った。これは大変きつい仕事で、一日一日が本当に長く感じたが、そう、ついに私のビジネスは成功し始めたのだ。

最初の年に少なくとも 2,500 人のコンサルタントを擁するチームを作るという恐ろしく高い目標を設定し、それが実現するように自分のスケジュールを決めた。私たち「ヒューストンチーム」は成長し、テキサス州南部、西部、北部からガルフコーストを通り、ダラス市まで戻る形で拡大していった。3か月経った時点で、自分が定めた目標には届きそうもなかったが、なんとしても報酬が欲しかったので、それまで以上に一心不乱に働き、より多くの場所でより多くの人たちと話をした。話してくれそうな人なら誰にでも話しかけた。

6 か月目の実績では、目標実現の見込みがあるように見えたが、2,500 人を達成するにはまだまだ先は長かった。9 か月目になると、事業は順調に進み、幾何級数的発展のお陰で、その目標を超えてしまった。最初の 1 年が終わるころには、初めてテキサス州の外へと拡大を図るまでになり、チームは 5,000 人以上になっていた。そして、会社はニューヨーク市進出を発表した！

当時、私はニューヨーク市に一度しか行ったことがなく、それも旅行会社が企画した観光旅行でのことだった。だが、ニューヨーク市は「世界経済の中心地」であり、世界中とつながっているので、私にはこの進出が将来的に市場シェアを伸ばす鍵になることが分かっていた。

過去にうまくいったことだけを実行した。テキサス州で成功したようにあの懸命な努力をすれば、ニューヨーク市でも成功できるはずだ。だが残念なことに、ニューヨーク市の知り合いは 3 人しかおらず、そのうちの 2 人に断られた。それでも、私は知り合った人全員に「ニューヨーク市に知り合いがいる方をご存知ないでしょうか？」と聞いた。これが功を奏して、すぐに一緒に仕事をする仲間ができたのである。私は自分の夢がまさに実現しようとしているのを感じた。

6 か月の間、隔週ごとにニューヨーク市で過ごした。判で押したように同じ毎日だった。朝早くから遅くまで、誰かを車に乗せて、誰かと会い、その夜のプレゼンテーションに招待するのだ。ここでも、機器を持ち込み、ミーティングの支度をし、プレゼンテーションやトレーニングを行い、質問全てに答えるために最後まで会場に残った。やや興奮気味の新しいコンサルタント数人と夜の 10 時半頃ディナーを取り、質素なホテルの部屋に戻って翌日のために休息するという生活を随分と長い間続けた。だが、私はやるべきことをしているのだと確信し、毎晩満足感を味わった！

人の行く裏に道あり花の山（人が行かない裏道にこそ、桜が咲き乱れる山がある）。

ニューヨーク市に滞在しない週は、テキサス州のマーケットを一つ一つ訪ねた。優秀で前途有望なリーダーが数人いたが、まだ私が現場で助ける必要があった。私の熱意は強く、夢は視野に入りつつあったから、仕事から離れて休む必要などなかった。すぐに、シカゴ市北部の郊外にイリノイ州の拠点を開き、同じことを繰り返して取り組むために、新たな土地へと赴いた。

その頃までには、何人かの優秀なリーダーがニューヨーク市で育ちつつあったので、私は 3 週目ごとに訪れることにし、1週間はテキサスに、1週間はシカゴに滞在するようになった。変わったことは何一つなかった。というのも、私が新しい地域で代償を払いながらでも働こうという少数派の人間だったからであり、そして、あの古いことわざは本当だったのだ。

シカゴでは思いもよらない挫折を経験したのだが、というのも会社の営業許可が期待していた通りに下りなかったのである。私たちは何か月も顧客を獲得できずに過ごすし、そして当然報酬もなかった。ほとんどとは言わないがこの地域の多くの人がやめてしまった。だが、困難は裏返せばチャンスである。チームの優秀なメンバー数名のお陰で、遅々としたペースながらも、事業を推進し続けることができた。私は自分の関心を新たに開設されたニューヨーク州北部の拠点に重点的に向けることにした。会社がきちんと業績を上げたお陰で事業が少しスムーズに動くようになったので、ビジネスは徐々にやりやすくなったが、依然として努力する必要はあった。

それ以降、私たちは新規開拓した7州へと事業を拡大していった。困難や挫折がない地域は一つとしてないことを理解し、進出した新しい地域を回る中で、それぞれの経験を積んだ。大抵、ミーティングを初めて開催するのも、新市場の開拓の先頭に立つのも私だった。なんと恵まれたことか！多くの人の生活にこれほどまでに良い影響を個人的に与えることができて、とても嬉しかった。最近のカリフォルニアの開拓まで、私は常に第一線に身を置き、最初のミーティングを取り仕切ってきた。もちろんその頃には、膨大な数のリーダーと 8 万人のメンバーを擁するチームが生まれていた。MLM のメカニズムはうまく機能していたのだ。

困難を耐え抜く日々を過ごしたこともある。困難から再び立ち上がる自分の回復力以外に頼るものがほとんどなく、孤独な時も数えきれないほどあった。だがこうした経験が私をより強い人間にした。人々がどのような辛い状況に立たされているかを真に学んだ。問題に拘泥する時間はなく、ただ解決することに焦点を合わせて取り組むだけだ。私は問題発見人ではなく問題解決人になっていた。障壁に遭遇したら、それを通り抜けるか、それとも別のルートを行くか、いずれにしても打開策を講じるのだ。だが、立ち止まることはしなかった！

原則はとても単純だ。ただ一所懸命働き、他の人たちを助けるために力を尽くすこと。ゴールを見据え、リーダーシップの恒常的な育成に集中すること。誰のためであっても効果の上がらない無駄な努力をして、あなたの夢が奪われるのを決して許さないこと。そして、**先頭に立って率いれば、他の人はついてくるということだ。**

MLM の理論を一言でいえば、40 年の仕事を圧縮し、10 年かそれ以下にすることができる、ということである。今このタイミングでとりかかるなら、それを半分に縮めることもできる。より多くのことをしたいなら、より多くの人を支援し、自分自身の能力と自分の時間を捧げ、今まで以上に一心不乱に働くのだ。そうすれば、あなたも自分の夢を実現できるだろう。大金が手に入ると言っているのでない、あなたにはそれができるかもしれないと言っているのだ！

本書はこうした大義に捧げるものである。MLM への取り組みをさらに強化しようとあなたが決心したのなら、心から幸運を祈る。そして、本当に実行に移したなら、「頂上」でお目にかかることになるだろう！

夢中になれ！　　　集中せよ！　　　そして、絶対諦めるな！

23

トレーニングとブログ

自分を信じよ

(トレーニング用ノート)

1) 自分を、会社を、リーダーや幹部を信じよ

2) 自分に許可を与えよ！

3) 自分の成功に責任を持て

4) ビジネスに門戸を開け

5) スケジュールに沿って仕事をせよ

6) 自分への褒美を付けて長期用と短期用ゴールを設定せよ

7) 人々の役に立つ方法を探せ

8) 指揮するためには、まず従うことを学べ

9) 間違った対象者に時間を使い過ぎない

10) 自分の旗を高く掲げよ！

    a. 数々の行動を起こせ

    b. 夢をつぶす者に負けるな

    c. ライバルをけなしたり、持ち上げたりするな

11) 物を売る人間ではなく、人を見極める人間になれ！！！

12) 成功への心構えを持て

13) 決意を持って自分を再教育せよ

14) 読みそして聞き、常に学ぶ心を忘れるな

15) 金持ちのように考えよ

16) 次のように仕事をやり遂げよ

a. 集中して

b. 熱意をもって

c. ひたむきに

「説明責任を果たすチーム」

成功への取り組み

ビジネスで成功している人は皆、システムを有している！このビジネスで成功を収めるには、簡単であり、複製可能で、実用的かつ一貫性があるシステムを備えていなければならない。チームは見込み客に対し、最も有効な方法でビジネス・プレゼンテーションを行う。このシステムは、多数の見込み客に対してチーム・ビジネス・プレゼンテーションを一貫性ある形で行うためのものだ。

□ 見込み客のリストを文書の形で作ろう。その際は制限を加えたり編集したりしないことだ。さもないと成功を限定してしまう。われわれの業務は、あらゆる人にMLMへの参加の機会を提供し、自らの意思で加盟するのを助けることだ！

□ 見込み客の名前、電話番号、その他関連情報を索引カードの最上部に書くこと（例：名前、電話番号、住所、職業、MLMへ参加したい理由など）。

□ 全ての索引カードを、アイウエオ順に分けて整理すること（優先順位をつけて保存）。

□　会う人を選択する際は、自分が決めた優先順位の付け方に従おう。アイウエオ順に分けたカードから2枚を取り出して、日付のセクションに移動させる（最低人数は1日２人だが、それより多くの人に連絡したい場合はそれ以上を配置しよう）。

□　毎日、「今日」のセクションにある２人に連絡を取る。チーム・ビジネス・プレゼンテーションまたはビデオによるプレゼンテーションに見込み客が参加してもらえるよう、日時を調整しよう。

□ 見込み客が承諾した場合は会話の内容をメモし、当日、再度確認の連絡ができるように、該当する日付のセクションにカードを移動させる。

□ 見込み客が「ノー」(今は都合悪い)と言った場合は、翌週または2〜3週間(あるいは数か月)のうちに再度確認させてもらってよいかを尋ね、その時の会話の内容をカードに記入して、日付あるいは月別の該当箇所に保管する。

□ 毎日、2〜3人のチームメートにEメールでメッセージを送り(配布リストを活用)、コンタクトの結果や翌日コンタクトする予定の人を知らせる。

□ 毎週、チームメートと電話会議(三者通話を利用)を開き、その週の成果について話し合う(例えば、取り付けたアポイントや新しいレプレゼンタティブ、反対意見などについて)。

システムを常に更新しておくこと、そして新しい連絡先を開拓することが非常に重要だ。もしスケジュールが重なってしまった場合は、誰一人としてMLMへの参加の機会を逸することがないよう、代替日の調整を確実にすること。

リーダーシップの確立が成功を確かなものにする

(トレーニング用メモ)

- 最重要ゴール —多額の収入を得ること。リーダーシップを確立し、高所得が得られる高位ランクに昇格すること
- チームを「効果的に指揮する上で、唯一かつ最も重要なこと」は、先頭に立って率いることだ
- 報酬対象外だからといって、優秀なレップとの仕事をやめたりしないこと
- 絶えず読み、聞き、学び、自己啓発に励むこと
- 仕事は適任者とすること
- 「意気地なし」を見分けよう(だが、本当は意気地なしではない可能性もある)
- 72 時間ルール(キャリア全体を通して適用しよう)
- リクルートを強化せよ。ただし、どんな人も軽視してはならない
- コンサルタントの定着率を上げ、ネットワーカーを見つけるためのシステムの構築を急ごう
- 成功を得るためにダウンラインを掘り下げよう。下の人たちの力を軽視してはならない
- 時間を割く価値がある人たちと働こう

- グループの時間に対する個人の時間の比率
  - マネジメント・コンサルタント（MC）とリージョナル・コンサルタント（RC）の時間の使い方は同比率 ― 90 対 10
  - シニア・コンサルタント（SC）の時間比率 ― 60 対 40
  - エグゼクティブ・コンサルタント（EC）の時間比率 ― 40 対 60
  - 誰に時間を割くべきか？
  - 時間の配分をどのようにするか？
  - 3 パーソナル・ルール
- チームの重層化
- 依存的な雰囲気の落とし穴
- 非依存的な関係より相互依存的な関係を作り出す
- 権利収入の多額な損失
- チームをいつ重層化するか
- 友人と家族
  - 仕事の関係を結ぶ可能性がある、同じ地域の出身者
  - シニア・コンサルタント（SC）のランク 5 を取得する

- リージョナル・コンサルタント（RC）とシニア・コンサルタント（SC）を育成する
    - リージョナル・コンサルタント（RC）を育成することが成功につながる一番の近道だ！
    - 一番やめる人が多いポジション　=　リージョナル・コンサルタント（RC）、次にやめる人が多いポジション　=　シニア・コンサルタント（SC）
    - チームを牽引するランナーやリーダーを発掘し、リージョナル・コンサルタント（RC）を育成せよ
    - リージョナル・コンサルタント（RC）— 72 時間ルール
    - なぜ同じ「レッグ」に3～4人のシニア・コンサルタント（SC）がいるのか？
    - ダウンレッグを深く掘り下げよ　—　レベルにこだわらない
    - 各人の個性を認識せよ　—　チームの形成
    - チーム別にパーセンテージを割り当てよ
    - 仕事のやり方を確立し、成功へのムードを高める
- 収入のゴール
    - 高額だが現実的な希望額を設定する
    - マネジメント・コンサルタント/リージョナル・コンサルタント/シニア・コンサルタント/エグゼクティブ・コンサルタント/ナショナル・コンサルタント

- 成功を収めるためのツール
  - **アンビット大学（Ambit University）**
  - ホームページ　www.NeverQuitSteve.com
  - ホームページ　www.AmbitPros.com

夢中になれ ― 集中せよ ― そして絶対諦めるな！

パワーピッチ・リクルートシステム

「パワーピッチ・オーディオ／ビデオ・リクルートシステム」へ、ようこそ。

このシステムは「自動化された手順」を用いて成功への弾みをつけることを支援します。

大きなネットワーク・マーケティング・チームを構築する上で、一番よくある失敗は、熱意ゆえに統制ができない状態に陥ることです。そう、本当によく起こります。このビジネスに携わる人は皆、高度なスキルや営業力の必要性を排除した、簡単で効率的、かつ複製可能なシステムを使うことが絶対に必要だということを理解しています。もしチームのメンバーが気軽にシステムをコピーできなかったら、成長は拡大どころか阻害されてしまうのです。しかし、自前のプレゼンテーションや長話、さらにはこのビジネスについての議論をすることで、個性を必要以上に出すことを我慢できないことがよくあります。でも不安になることはありません。対策があります。

わが社は、シンプルで完成度の高い複数の段階からなるプロセスを有しており、それはフローチャートに従って進めば次々と成功できるようなシステムです。それに従えば、個人の成果だけでなく、「デュプリケーション」そして、大きな推進力になる「マルチプリケーション」においてさえも相当な成果が得られ、しかも簡単に計測できるのです！ケーキを焼くときやエンジンを再度組み立てるときの説明書のように、このシステムの一連の手順に従うことを強くお勧めします。手順を2、3省略すると、成功への近道をしているように思うかもしれませんが、そうすると脇道にそれてしまい、ケーキなら上手く膨らまなかったり、エンジンなら使い物にならない性能の悪いものができてしまいます。成功はシステムを信頼し、成功への道を忠実にたどることで得られるのです。

あなたが働く必要がなくなるような、素晴らしく機能するシステムの使い方を学ぶ過程において、全てがうまくいくことを祈っています。

本システムに必要なツールは以下の通りです。

- コンピュータ、インターネット接続および信頼のおけるインターネットサービス
- パワーピッチ・ボイスメール・システム
- ウェブサイト（コンサルタントやレプレゼンタティブとして活動している人は既に開設済）
- 「Energy Gold Rush」、または、同等のランディングページで自動応答システムがオプションとして付いているもの
- チラシ、しおり、シズルカード、名刺
- 適合試験とシステムの実行に必要な時間： 60～90 日

最初にツールについて話しましょう。

ボイスメール・システムはたくさんのメーカーがあります。メッセージがある時には E メールで知らせてくれる機能がオプションで付いていて、手ごろな値段のものを選ぶようにしましょう。

会社のウェブサイト

ランディングページ（ユーザーが最初に訪れるページ）： 何を使っても構いませんが、一番使いやすくて安いのは、www.EnergyGoldRush.com/（あなたのユーザーネーム）です。

チラシ、しおり、シズルカード、名刺、その他： これらを使って情報を広めましょう。スタイルは独創的に、ただし定型の文言を使いましょう。情報を詰め込み過ぎると効果が台無しになります。

所要日数 60～90 日： 成功は一夜にしてならずとは言いますが、時間をかけずに成功することは可能です。自分で使って、システムを熟知してください。システムが軌道に乗るまでの時間を十分見積もりましょう。そうすればシステムがあなたの生活をすっかり変えてくれるはずです。システムを使ったリクルートで加入した人は、その後成功する確率が高いのです。というのも、この業界に携わるきっかけとなったこのシステムを使って、自分のビジネスを構築しようとするからなのです。

システムを設定する

1. 会社のウェブサイトがきちんと動いていることや支払い情報がちゃんと更新されていることを確認しましょう。ウェブサイトがダウンして、システム全体が停止するような原因を作らないようにしなくてはなりません。
2. 個人の「パワーピッチ・ナンバー」が使えるよう、「ボイスメッセージ・システム」を導入しましょう。

   Sizzle Line Download シズルラインのダウンロード

   Steve Thompson's MP3 Sizzle Recording

   （その他のリスト）
3. 業者にシズルカード、しおり、チラシを注文しましょう。この場合、デザインは独自のものを使い、文言は MLM の資料やマニュアルで指示されたものを利用しましょう。
4. ウェブサイト www.EnergyGoldrush.comにアクセスして、自分のサイトを登録しましょう。必要な情報や説明はウェブサイトに掲載されていますし、使い方を練習することもできます（オプションとして、Energy Gold Rush のサイトにある 「iContact」システムをインストールし、その使い方を習得することも可能です）。

システムを動かす

ステップ1： オーディオ・シズルメッセージ

1. このシステムの目的は、自分自身で説明したり、プレゼンテーションしたりすることを最低限に留め、多くの人に MLM への参加の機会を円滑に紹介することです。これが当システムの基本中の基本となります！システムを信頼しましょう。何かを省略したり加えたりすると、成功への道を狭めてしまいます。独自の会話、プレゼンテーション、説明を加えたいという誘惑に負けないようにしてください。見込み客に会話の主導権を握らせてシステムを逸脱しないようにしてください。見込み客が会話をコントロールして質問したり、あなたが答えたりするということは、見込み客がシステム自体をコントロールするようなものです（会話は質問者にコントロールされます）。システムに仕事をしてもらいましょう！

あなたが発見したことを、熱意のこもった言い方で話すことから始めましょう。

「私は経済的に人生を永久に変えるかもしれない、素晴らしいものを見つけたのです！」

そして、4つの質問をしましょう。

1. 「エネルギー規制緩和」について何か知っていますか？
2. 「電気」あるいは「天然ガス」を利用している人を何人くらい知っていますか？
3. もっと光熱費が安くなったり、タダになったりする可能性があるとすれば、その人たちは興味を持つでしょうか？
4. ある簡単なシステムを紹介すれば、多くの人が家庭の光熱費を節約する手伝いができて、しかもかなりの報酬を支払うという企業があるのですが、数分ほどお時間をいただけますか？お時間は取らせません。まずは 3 分の録音メッセージを聞いていただくだけですし、いかなる義務も生じません。

以下の文言だけが書いてあるチラシ、シズルカード、あるいは、しおりを手渡しましょう。

あなたの生活を「経済的に」変えよう！

他の人が家庭の光熱費を節約するのを助けて、高額所得を得よう！

3 分録音メッセージ

電話番号：XXX-XXX-XXXX

より効果的になるようにイラストを加えたり、色を変えたりしてもよいですが、**言葉を付け加えてはいけません**。

このカードの番号に電話して概要を聞くように、見込み客に伝えます。もっと情報が欲しいと言われたら、3 分の録音メッセージの最後に、名前と電話番号を残してもらいましょう。今すぐもっと情報を教えて欲しいと言われるかもしれませんが、それを何とか避けて、「まずはメッセージをお聞きになってください。私どもが懸命に働く必要がないように、代わりに素晴らしい働きをしてくれるシステムがあるのです。お聞きになれば、楽しんでいただけるはずですよ」と伝えることが重要です。

このメッセージが目指すのは、フィルターとして機能することだと覚えておきましょう。フィルターなので、間違った人を釣り上げるようには作られていませんし、興味のない大多数の人を排除できるようになっています。ですからあなたが再び話をするのは、興味のある人たちだけということになります。間違った人を相手に話す時間をかけすぎて、多くの人がこのビジネスで失敗するということが広く知られています。**成功は多数の見込み客にこのメッセージを届けることから始まるのです。**あなたに代わってシステムに働いてもらいましょう！

2. 少なくとも毎日ボイスメールをチェックしましょう。誰かがボイスメッセージを残すと「メッセージがあります」というＥメールが届きます。ボイスメールのバックオフィスを開く（メッセージのところにあるリンクをクリック）か、電話をかけて確認しましょう。シズルカードを配れば配るほど、多くのメッセージを受け取ります。メッセージの残し主は皆、「あなたと話をしたがっている」見込み客です！

各ステップにおいて、とても興奮してすぐにも活動を始めたがっている見込み客は見逃さないようにしましょう。大規模でワクワクするようなビジネス・プレゼンテーションに勝るものはないと思いますから、見込み客を招待するなら、常に大規模のグループ・プレゼンテーションにしましょう。彼らがそのつもりなら、すぐにグループ・プレゼンテーションに進みます。そうでない場合は、プロセスで定めている次の手順に進みましょう（どの時点でも、すぐ活動を始めたいと思っている人がいたら、話はやめてコンサルタントとして登録しましょう！）。

ステップ２： ビデオメッセージ

興味を持った人がメッセージを残した際には、すぐに電話をしなければいけません。対応が遅くなればなるほど、見込み客があれこれと道をそれる時間が多くなるのです。彼らがメッセージを残してから、折り返し電話をするまでに 24 時間以上空けてはいけません。もし手に負えないくらいたくさんの反応があったら、ダウンラインにシステムを教えて、代わりに対応できる人を増やしましょう。

コールバック

1. 3 分オーディオメッセージを聞くことで第 1 ステップを完了してくれた人に感謝の意を示します。そして、その他の情報を提供することが、あなたの役割だということを理解してもらいましょう。ですがまずは、「このビジネスに適した人材であるかどうか」を見極めるために、いくつかの質問をしてください。質問は非常に簡単で簡潔でなければなりません。見込み客を理解し、より良い関係を作り始めるために、質問に対する答えを書き留めます。

このように質問しましょう。

はじめに、あなたの連絡先を確認させてください。お名前、電話番号、E メールアドレスをお願いします。

わが社はさまざまな地域で業務を拡大しています。あなたはどちらにお住まいでしょうか？

われわれのチームメンバーの候補者とさせていただくために、現在のお仕事、あるいは過去に何をされていたかをお話しいただけますか？

相当額の収入が得られるよう、この仕事に週に 5 時間から 7 時間を割くことができるでしょうか？

これらの質問を尋ね終わったら、このシステムを利用してくれたことに感謝し、さらに会社の「成功システム」を用いて働くという能力を証明したことも知らせましょう。

このように質問しましょう。

このプロセスのステップ2を完了するために、ご覧いただきたいホームページがあるのですが、メモするものをお持ちですか？

www.EnergyGoldRush.com/(あなたのユーザーネーム) へアクセスしてください。当社のビジネスを説明する短いプレゼンテーション・ビデオがありますのでご覧になってください。このビデオを見てなるほどと納得していただけた方には、私どものチームへの加入を決断していただけるよう、全ての疑問にお答えする機会を設けさせていただきます。いつも申し上げているとおり、義務は一切ありません。一緒に仕事をしていただけるなら大変光栄です。

ビデオを見るためには登録が必要になりますが、その際の登録情報は私どもだけにフィードバックされるものですし、既に存じ上げている情報です。これは単に、ステップ2を完了したことを確認するためのものです。また、このサイトへのリンクを私からEメールでお知らせします。ですから、もしなにかお手伝いできることがありましたら、私のメッセージにどうぞお気軽に返信してください。

XXX-XXX-XXXX、*これが私個人の電話番号です。ビデオをご覧になったら、お電話をいただけますか*(コールバックしてくれる人はほんのわずかですが、もししてくれたなら、非常に有望な見込み客ということになります。見込み客に必ずフォローアップの電話をするが、このビジネスの基本です！)。

どうもありがとうございました。またご一緒できる機会を楽しみにしております。

もっと話を聞かせたいとか、もっと質問に答えたいという欲求は抑えましょう。失礼な態度を取ることなく、当社のシステムが極めて完全なものであることをお知らせし、システムが効果を発揮するまでもう少々お付き合いいただけるようお願いします。

さあ、これからが楽しいところです！ Gold Rush のウェブサイトに見込み客がログインすると、ビデオが視聴されたことを知らせるＥメールがあなたに届きます。これは、非常に有望な見込み客を得たというお知らせです。情報に通じ、信頼できるシステムから情報を得た見込み客ならば、一緒に楽しく働くことができるでしょう。

ここで、もう一度電話をするタイミングです。

このように言いましょう。

ステップ2を完了していただき、ありがとうございました。あなたは、私どもがぜひ一緒に働きたいと願っているような人物だということが分かりました。そこで、ご自分の目で全てを確かめていただけるよう、また、私どものチームのトップリーダーともお会いいただけるよう、「事業紹介のプレゼンテーション」に招待させていただきたいと思います。火曜日のご都合はいかがですか、それとも木曜日のほうがよろしいでしょうか？
（「イエス」か「ノー」を聞くより、必ず２つの選択肢を提示します）。

彼らがプレゼンテーションに来ることに同意したら、「お会いしてチームの楽しい人々を紹介できることをとても楽しみにしています」と告げます。「事業紹介」の日に迎えに行くことも、２、３時間前に確認の電話を入れることも可能だと知らせましょう。次に、あなたのアップライン、あるいはサイドラインに連絡をします。再確認の電話を見込み客に入れて、歓迎していることを伝えてくれるよう頼みましょう。

アップラインが電話でこのように伝えます。

はじめまして＿＿＿＿さん。私のビジネスパートナーが、われわれのチームにあなたはぴったりの人物ではないかと言うのです。ですから、(事業紹介プレゼンテーションの時間や場所の詳細)であなたにお会いするのを皆楽しみにしています。ありがとうございました。個人的にお知り合いになれることを楽しみにしています。

この電話は見込み客に自分が歓迎されていると感じさせるだけでなく、確実にプレゼンテーションに参加させることにも役立ちます。

事業紹介のプレゼンテーションへの参加を躊躇するようなら、三者通話の出番です。「どんな質問にも答えることができる非常に優秀な人物に電話に出てもらおうと思っています」と見込み客に伝えましょう。電話口でそのまま待ってもらい、アップラインあるいはクロスラインとで三者通話をします。この通話で新しいコンサルタントが誕生することもよくありますが、ゴールは見込み客を次のステップに進ませること、つまりプレゼンテーションの会場に足を運んでもらうようにすることです。もしプレゼンテーションが開催されない場合は、三者通話や月曜夜定例のビジネス・プレゼンテーション通話を活用しましょう。

この時点でステップ3に進み、「ライブ・ビジネス・プレゼンテーション」に彼らを接待します。「ライブ・ビジネス・プレゼンテーション」のシステムに従って、最後に契約成立のための質問をしましょう。www.(あなたのチームのトレーニング・サイト).comにアクセスし、そこにあるトレーニングも復習しましょう。

このシステムを使って多くの人の対応をすること、そして、できるだけシステムに忠実に従うことが、あなたの成功につながります。見込み客に会う時、あるいは彼らがチラシを手に入れる時、このシステムを使うトレーニングをしているとも言えるのです。

これがデュプリケーションと呼ばれるものであり、マルチプリケーションへとつながります。そして、マルチプリケーションは、大いなる成功への推進力となるのです。

当システムは簡単に宣伝やチラシの配布に応用できます。これについて、簡単な考察を以下に記載します。

チラシ

何百、何千という単位で考えます。チラシは明るくカラフルでなくてはいけません。冗長であったり、あまりにも多くの情報を掲載したりしてはいけません。チラシ、しおり、シズルカードの唯一の目的は、人々にメッセージを聞くように仕向けることです。情報を多く提供すると、メッセージを聞かない可能性があります。

キーワードは「3分録音メッセージ」です。その言葉で見込み客は電話をかけても、誰かが何かを売り付ける可能性がないことを理解します。しかもたった3分しかかかりません。

チラシを車のフロントガラスなどに置かないでください。そんなことをすれば、ゴミをまき散らす人として評判を落としてしまいます。チラシは人々に手渡すか、「ご自由にお取りください」と書いてカウンターに置くのが一番良いでしょう。商店やクリーニング店、レストラン、コンビニ、ガソリンスタンドなどに置く際は、許可を得ましょう。喜んで、カウンターの片隅にそのチラシを置いてくれるはずです。許可を取らずに置くことは、良い結果よりもトラブルを引き起こす可能性があります。

効果的なやり方として、たくさんの切り取り部分に「3分録音メッセージ電話番号：XXX- XXX-XXXX」とだけ書いた大きなチラシを掲示板に貼る方法があります。こうすると、チラシ本体はそのまま掲示板に残って読んでもらえるし、興味のある人は切り取り部分を持ち帰ることができます。

広告

広告はあっという間にお金を減らしてしまう可能性があるので、気を付けましょう。広告を出すならば小さいサイズで、チラシ同様、情報が詰め込まれていないことが肝心です。ラジオを使うなら、電話番号を3回は繰り返しましょう。ごく短いラジオのコマーシャルや簡単な広告でも、適切に用いれば、多くの問い合わせがあるでしょう。楽しんで行いましょう。

とはいえ、このビジネスがリレーションシップ・マーケティングだということは忘れないでください。知り合いに電話したり個人的に会ったりして人間関係を構築することに勝るものはありません。人間関係をより拡大させれば、より大きな成功を得ることになります。

このシステムは、新しいコンサルタントが自分の友達にアプローチする際にも、とても効果的に機能します。

まず、新人コンサルタントは「サクセスパスポート」（www.AmbitPros.comでダウンロード可能）を完成しなければなりません。**知り合い全員を含むリストの作成を省いて、成功への近道をしようとしないでください。**新人が見込み客リストを作り、優先順位を付けるのを支援した後、アンビット社をその見込み客に紹介する手段として、このシステムを利用します。新人コンサルタントが、まだ慣れていない事について説明するよりも、システムを用いる方がよっぽど良い結果が出るのです。

新人コンサルタントには、自分の見込み客に3分録音メッセージの電話番号をどんどん教え、自分のコンサルタントには録音メッセージを宣伝したカードを渡すように勧めましょう。見込み客にメッセージを聞かせ、その後は最初から最後までシステムに従って進めるように、新人コンサルタントを促しましょう。

友達に何と言えばいいか、またはどのようにアプローチすればいいのか分からなくて、行動に移せない人が大勢います。ですが、このシステムを用いれば解決できるのです。新人コンサルタントがあなたの電話番号を使う場合、彼らの見込み客が確実に彼らの友人であることが分かるようなメッセージを残すように伝えましょう。これが意味するのはもちろん、あなたがメッセージを受け取ることで、新人コンサルタントと一緒に電話をかけることができるということです。

大数の法則を仕事にうまく利用しましょう。システムに従い、システムに仕事の大半を任せるのです。

このシステムを習熟するには 90 日間集中して取り組むことを勧めます。コールバック・システムのコツを飲み込むには、ちょっとした準備と練習をするだけで大丈夫です。まず誰かと練習してみましょう。簡単なシステムなので、誰でもエキスパートになれますし、それはあなたに大金をもたらしてくれることでしょう。

システムが期待通りに機能しない場合は、自分が何をしたかを思い返してみましょう。**あまりにも余計にしゃべりすぎたため**に、システムがおかしくなってしまうことがよくあります！システムに代弁させ、自分でプレゼンテーションや説明をしたい気持ちは、もう一度封印してください。

システムを信頼して任せることで、機運をつかむのです！

パワーピッチ 台本サンプル

こんにちは。わざわざお電話いただきましてありがとうございます。さて、昨今の経済状況の影響から、ご自分の所得や今後の職の確保について、何らかの不安を感じておられるのではないでしょうか？あるいは、今のような時代には、本業の他に毎月入ってくる安定したビジネス収入を得るのも悪くないと考えていらっしゃるのではないでしょうか？それとも、ご自分のライフスタイルを劇的に変えるような新しくて刺激的なビジネスチャンスをお探しでしょうか？もしこうしたことをお考えでしたら、これから申し上げることをお聞きください。

私はスティーブ・トンプソンと申します。最前線で事業を展開している、とある認定公益法人のエネルギー会社で、独立したコンサルタントとして仕事をしています。このたび電気の販売と配電を割引価格で行う事業を開始しました。エネルギーの規制緩和がアメリカ全土で進んでいることから、私たちは他州でも、エネルギーマーケットをうまく活用できる立場におります。アメリカ国民は選択の自由を求めておりますが、規制緩和は国民全員の利益になる料金の値下げに必要な競争を作り出します。

私たちは多種多様なバックグラウンドを持つ優秀で野心的な人材を求めています。当社の独立した受託者としてフレキシブルに在宅時間を使って働く機会を求めている方、そしてごく短時間の副業で相当額の収入を稼ぎたいと考えている方であれば、技術分野出身でもそれ以外でも、セールス経験者でも未経験者でも経歴は問いません。

当社が整備している報酬プランによって、努力に応じてすぐに高額の現金収入を得ることが可能です。さらに重要なのが、この制度では、プロダクト・コミッションと利益配当を恒常的な権利収入として毎月得られる可能性があることです。つまり、人々が電気のスイッチを入れるたびに、エアコンを使うたびに、あるいはテレビやステレオを付けるたびに、

収入を得るチャンスがあるのです！

私たちのチームは電気を住民の方々に極めて格安に提供することを支援しています。電気の供給は人々が毎日使う大切なサービスですから、私たちのチームに加わって、当社のサービス推進を支援していただけるような、さまざまなスキルやキャリアを持つ人が必要なのです。

大学生で月数百ドルの臨時収入を稼ぎたいという方にも、あるいは忙しい専門職で、できるだけ少ない時間で安定した収入を得たいという方にも、あなたがお探しのものを当社が提供できることをお分りいただけるでしょう。

指導を受けることが可能で、少なくとも 1 週間に数時間、このビジネスに専念することができるなら、私たちが成功の秘訣をチームの一員として指導いたします。

ですから、もし安定した会社で、それも実績あるマネジメントチームとともに働きながら、副業またはフルタイムの収入を真剣に得たいとお考えなら、この電話番号をあなたに紹介した者に折り返し連絡するだけで結構です。当社を通して得られるチャンスについてもっと詳しい情報を、一切の義務なく提供させていただきます。

エネルギー規制緩和は、私たちが生きているこの時代において、最大の富の再配分となるでしょう。4,000 億ドルという大金が、2、3の巨大独占企業から起業家精神溢れた会社や個人へと動くことになります。二度とあることではありませんが、それがまさに今起ころうとしているのです！

巨大な経済シフトが起こりつつある昨今、収入が得られるというのにそれを活用しないのは、経済的に取り返しのつかない過ちになるかもしれません。

未来は明るいのです！ – そしてチャンスは電撃的です！それではお

電話ありがとうございました。素晴らしい一日をお過ごしください。

コールドマーケットのリクルート

スティーブ・トンプソン、ロニー・タンクスリー（Ronnie Tanksley）

このビジネスがリレーションシップ・マーケティングだということを忘れてはいけない。われわれは人との関係性を一番重視しなければならないのだ。MLM への参加の機会を、見ず知らずの人に勧めるのは賢明とは言えない。あなたのゴールは新しい友人をつくって、自分のウォームマーケット・リストに加えることだ。MLM への参加の機会については、彼らが積極的にそのことについて知りたがらない限り、少なくとも21日間は話さないこと。

あなたが何で生計を立てているかが話題になったら、その都度、話をそらして、話題を目の前にいる新しい友人の事へと方向転換させるのだ。誰でも自分のことを話すのは大好きだから、必要な情報を全て話してくれるだろう。友達としての交流が数週間続いたら、彼らは MLM への参加の機会をずっと偏見なく受け入れてくれるだろう。

新しい見込み客に会う

- 地元のクリーニング店
- 食料品店・スーパー
- 学校行事
- レストラン
- 車両管理局（運転免許センター）
- コーヒーショップ
- 野球場

親しく会話をする

- この辺りにお住まいですか？
- ご家族はいらっしゃいますか？
- ご家族のお話しをしてくださいますか？
- ここの料理はどうですか？
- それ、いいメガネですね。
- 素敵な靴ですね。どこで買われましたか？

新しい人と知り合いになる

- F.O.R.M（ファミリー, 職業, レクリエーション, マネー）

  F.O.R.M を話題にすれば、相手は心を開く。また、これらを話題にすることで、見込み客に関する情報が得られ、なぜビジネスの機会を必要としているか、あるいはなぜ興味があるかが判明する。

人はいったん良い人間関係を築くと、相手がお願いすることがどんなことであれ、考えてみる気になるものだ。だから誠実さを見せよう！

コールドマーケット（新しく知り会う人たち）のリスト

- 24 時間～48 時間以内に新規の見込み客とコンタクトを取る
- 常に新しい知り合いをリストに加えるよう心掛ける

コールドマーケットの見込み客とコンサルタントとの最初のミーティング

- 15～20 分程度、コーヒーを飲みながらのミーティング
- 見込み客中心の話題を選ぶ

- 自分のことを語らせよう

MLMへの参加の機会について話す時期—21日目以降

- 良い人間関係が築けたら、見込み客にMLMへの参加の機会について検討してもらう
- あるいは見込み客に、副収入を得る機会を探していて、やる気のある人を知らないかと聞いてもよい

MLMへの参加の機会をどのように宣伝するか

- 雑誌
- ウェブサイトへのリンク
- 事業紹介のプレゼンテーション
- ビデオを使った一対一のミーティング

5-2-6 電撃作戦

ショーン・コーネット(Shawn Cornett), ダミアン・ペチャセック(Damien Pechacek)

526 電撃作戦の概要と行動計画

(この概要は「526 ブリッツ・システム」、つまり 526 電撃作戦を実施するための専門的な要約となっているが、まず作戦を実行する前にウェブサイト www.AmbitPros.com/526-blitzで、手順を詳細に解説したビデオ・トレーニングを最初から最後まで見ることを勧める。必要であればメモを取ろう)

526 電撃作戦の手順のあらまし

ステップ0ー準備

EGR (EnergyGoldRush)をセットアップし、作戦に備えよう。そして、少なくとも見込み客 50 人を掲載したスターターリストを作成して、次の526 電撃作戦の選別プロセスを行えるようにしよう。

ステップ1ー勧誘

リストに名前がある人全員に、EGR ウェブサイトにある5分間ビデオ「AmbitPros intro/sorting」(前書き・選別について)を見るように勧めよう。ビデオを見て、その見込み客が顧客になることだけに興味を示したら、電気料金の請求書を用意してもらって、手順や価値提案、つまりどのくらい電気料金を節約できるかについての説明をした後に、入会の手続きを取る。少なくとも 30 人に選別用ビデオを見せれば、「ジャンプスタート1」に必要な 28 日以内に最低でも 5 人の顧客を入会させられるはずだ。さらに次のステップに進むための見込み客 10 人程度を確保しているはずである。

ステップ2－プレゼンテーション

MLM に参加する機会や無料エネルギーに興味を示した見込み客全員に、完全版のプレゼンテーションをよく見るように指導しよう。もし近々ミーティングの予定があるなら、そこへ出席させるのもよいし、または EGR のプレゼンテーションページ、DVD や雑誌やウェビナーなど、利用できるその他のツールを活用してもいい。完全版のビジネス・プレゼンテーションを吟味した見込み客約 10 人のうち半分程度が次のステップに進むことになるだろう。

ステップ3－ビジネスの正当性の証明

見込み客が完全版のプレゼンテーションを吟味した後は、三者通話の形でビジネスの正当性の証明をするか、または、違った角度から検討してもらうために見込み客をミーティングに連れて行き、地元のリーダーと会ってビジネスの正当性の証明をしてもらうこともできる。このステップにたどり着くのは 5 人程度であり、コンサルタントとして入会するのは、さらに半数ほどだ。

ステップ4－デュプリケーション

新人コンサルタントの入会が済んだらすぐに、526 電撃作戦の行動計画を一通りやらせよう。そうすることで、彼らが最初のコンサルタント数名を入会させる手助けができ、その時点であなたは「リージョナル・コンサルタント」に昇格することになる！

ミーティングでのエチケット

次のことを覚えておこう。常にゲストに注目すること。アンビット社のオポチュニティ・プレゼンテーションを目にするのはゲストにとって今回がまさに初めてであることを全員が心に留めよう。

1. ミーティングでの役割
    a. 進行係
        1） ゲストに一番注目が集まるようにする
        2） 参加者の関心を引く
        3） 携帯電話はマナーモードにしてもらう
        4） 自分の経歴と「なぜ」このビジネスに参加したかについて短く話す
        5） 第一スピーカーを紹介する
    b. 第一スピーカー
        1） ゲストに一番注目が集まるようにする
        2） 紹介者に謝辞を述べる
        3） 自分の経歴と「なぜ」このビジネスに参加したかについて短く話す
        4） 会社、業界、そのサービスについて紹介する
        5） 第二スピーカーを紹介する
    c. 第二スピーカー
        1） ゲストに一番注目が集まるようにする
        2） 第一スピーカーに謝辞を述べる
        3） 自分の経歴と「なぜ」このビジネスに参加したかについて短く話す
        4） 報酬プランについて紹介する
        5） 契約担当者あるいは「特別ゲスト」を紹介する
    d. 契約担当者
        1） ゲストに一番注目が集まるようにする
        2） スピーカー全員に謝辞を述べる

3) 自分の経歴と「なぜ」このビジネスに参加したかについて短く話す
4) 5つのポイントを紹介する（台本通り）
5) ゲストに集まってもらい、質問を受け付ける

e. ミーティングに参加のコンサルタント
1) ゲストに一番注目が集まるようにする（ゲストを連れてきたかどうかには関係なく）
2) ゲストのために席が確保されていることを確認する
3) スピーカーやプレゼンター対し肯定的なコメントを述べる
4) 時間に留意し、主題から外れた交流が長引かないようにする
5) ミーティングの成功に貢献する（適切なタイミングでの拍手や笑いなど）
6) ミーティングでは、ネガティブな話題や人の参加は避けること

f. ゲスト
1) 見て、聞いて、質問をする

g. グリーター（入り口でゲストを迎えるスタッフ）
1) 入口でゲストを迎える
2) 受付テーブルに案内する

h. 受付スタッフ
1) 所定のフォームに記入してから入場してもらう（混雑するので複数のフォームを利用する）
2) 速やかに着席するよう案内する

その他の注記

- コンサルタントはゲストを連れてきた同僚コンサルタントに対して肯定的なコメントをしなければならない。他のコンサルタントのゲストに立ち入ってはならない（ゲストを招待したコンサルタントから頼まれた場合を除く）
- コンサルタントはビジネス・プレゼンテーションの席で戦略を語ってはならないし、アップラインに自分が抱えている問題について話してはならない。こうしたことは、個人的な会合で行うことで、ゲストや新しいコンサルタントがいる場所ですべきではない

チームにあてて発信したブログ例

今までで最も重要なメッセージの一例

現在、アンビット社の仕事をしているわれわれは幸運だ！ニューヨーク市におけるリーダーシップ促進活動の開始イベント自体が素晴らしかっただけではなく、運よく少しだけ会社幹部と過ごすことができ、さまざまな耳より情報や大いに期待できる事業予測を聞くことができた。では、何が起こりつつあるかをお知らせしよう。

アンビット社には負債もなく、利益を上げているにもかかわらず、会長のジェリー（Jere Tompson Jr.）は、市場の好機を活かす体制を整えるために、資本を数百万ドル増資すると発表したのだ。アンビット社では2009年に全てのシステムを再構築しており、今や設立以来、最大の成長を遂げられるだけの体制を整えている。彼は2010年を「ワウ・イヤー」（大成功の年）と名付けた。私はこの動きの一端を担いたいと思っている。君たちも自分の地域でリーダーシップ促進活動の開始イベントが開かれる場合は必ず出席し、会長のジェリー・トンプソン・ジュニアから直接あらゆる情報を聞けるようにしよう。

社長のクリス（Chris Chambless）は、実績について細かく数字を挙げて説明した。わが社はMLM大手の中で、去年の業務高（ドルベース）で46位だった。これは2008年の実績に基づいたもので、2009年の業務高はほぼ倍だったことから、実際のところ、アンビット社は業務高チャートを確実に上昇していることに留意してほしい。そして、2010年には2009年の業務高がちっぽけに見えるほどの成長を遂げるだろう！

クリスはまた、利益率についての統計データを示し、こうした数字の裏付けがあるからこそ、アンビット社はエネルギー分野に今まで以上に多額の資金をつぎ込む用意があるのだと説明した。君たちがこれらの数字を見たら、さぞ驚くことだろう。このお陰で、われわれに「ダブルボーナス」や「トリプルボーナス」が支給されるのだ。この特別措置は2月

26日まで有効だ（週割りで計算するために、計上は各週の金曜日までに終わらせること）。ここまで読んでもまだ、今まで以上に懸命に働こうという気持ちが起きない君には、次の数字を紹介しよう。

アンビット社は2009年10月、現在と全く同じ販売キャンペーンを展開した。

そして、その結果が下記の通りだ。

- 過去最多のコンサルタントを獲得
- 過去最多の顧客を獲得
- コンサルタントへの支払いは200万ドル超（過去最高額）
- トリガー（コンサルタントがアンビット社のビジネスに入会してから28日以内に顧客を獲得し、ボーナスを得る資格を獲得すること）の件数が過去最多を記録
- テキサス州 ― 新人コンサルタントの77%がトリガーを経験。60%がトリプルボーナスを獲得！
- ニューヨーク市 ― 88%の新人コンサルタントの「ほとんど全員がトリガーによるダブルボーナス」を獲得（ニューヨークにいる知人に誰でもいいから電話するといい！）
- イリノイ州 ―トリガー率はテキサス州とニューヨーク市の中間で、過去最高率を記録
- アンビット社として「顧客ベースの権利収入」が過去最大の伸び

この成果を踏まえて、現時点に戻ろう。

われわれにとっての休日はもう終わりだ。アメリカは最悪の景気後退のショックからまだ完全には回復しておらず、そうした中で、アンビット社

は「アメリカで最速の成長企業」になる構えでいるのだ。

2010年には歴史的な偉業を達成することになる会社で、君たちはビジネスに携わっているのだ。アンビット社は「Inc.社」が発表するアメリカの成長著しいトップ企業500 (Inc. 500)に選ばれ(これは耳より情報だ)、そして多数の新聞や雑誌などがわが社の途方もない急成長を記事にするだろう。マスコミが「君たちのビジネス」のプロモーションを無料でしてくれるということだ。

他のMLM企業は、オートシップ(定期購入)や不必要な商品の販売が不況の影響を受けて、苦戦を強いられている。アメリカ人がどうしたら節約できるかを模索している今、日常生活に欠かせないサービスに掛かる「料金をわれわれが節約させる」のだ！！！

アンビット社はこれまで以上に多くの報酬をわれわれに支払うつもりでいる。それも、他社と比較して既に最も割の良い現行の報酬をはるかに超えてだ。

わが社のトップリーダーや幹部は、「今君がいるその場所！」の地の利を活かすにはどうしたら良いかを広く伝え指導するためのツアーを行っている。

ダブルボーナス・トリプルボーナスを最大限に引き出す方法

顧客集めにだけ集中してはいけない！（そう、私は本気で言っている）。

リストを作り、あらゆる人に声をかけてアンビット社のビジネスチャンス・オポチュニティ・プレゼンテーションを見てもらうように、新人コンサルタントには指導しよう。躊躇したり、「ノー」とか「今は無理」とか言う見込み客に対しては、コンサルタント集めから顧客集めへとスイッチを切り替えることを学ぶのだ。

この意味が分かるだろうか？

どんな時でも、コンサルタントにならないかと誘ってみると、多くの人にはそのつもりがないことが判明する。だが、単純に顧客になるよう頼んでみると、これ以上ビジネスに煩わされたくないという思いで、顧客になる人もいる。そのうち彼らが自分で割引率や出張報奨金のことを知れば、もっと関心を持ってビジネスを見られるようになるだろう。

トップレベルの成功とは、こんなに簡単なことから得られるのだ。だが、このブログを読んでいる君たちの多くは、「そんなことは無理だ。まず新規顧客の獲得に重点的に取り組んで、既存の顧客にコンサルタントになってもらうのがいい。そうすれば彼らも私もボーナスがもらえるんだから」と言うだろう。その結果得られるのは、ボーナス1回と、非常に成長の遅いチームだ。一人のコンサルタントにつき、本当の意味での顧客というのは平均して4人か5人だ。もっと多くの顧客が欲しいのなら、もっと多くのコンサルタントを獲得すること。以上！顧客を増やすことだけに力を注いでいると、うまく行かないし、大金を稼ぐこともできないだろう。そう、トリガーでボーナスを得るには、2、3人の顧客を獲得する必要があるが、それはビジネスがどんなものかを知ってもらった結果として達成しなくてはならない。**「ノー」とか「今は無理」とか言われて初めて、顧客になってもらうよう頼むのだと覚えておこう！**嫌がる人を追い掛けるのはやめよう。こういう人は顧客にして、次に進むのだ。候補者はまだまだたくさんいる。

君たちは自分の顧客を獲得すると同時に、スポンサーをしているメンバーにも確実に顧客を獲得させる責任がある。1週間経っても、そのメンバーが顧客を獲得できない場合は、彼らに見込み客をコンサルタントから顧客として切り替える話しをする。**顧客獲得のためのリクルートは決してやめてはならない！**

必ず全員がトリガーするように力を入れているということを私はよくメンバーから聞いている。そうすると、彼らはなぜ自分たちは大金を稼げないのだろうと尋ねてくる。まさにそれがヒントだ！顧客とはビジネスに対し「ノー」とか「今は無理」とかいう人のことだ。荷馬車の前に馬を繋げば、あっという間に荷馬車を顧客で一杯にすることができる。われわれの働き頭はコンサルタントなのだ！

これを読んでいる君たち全員が、アンビット社で成功することを祈っている。ビジネス立上げのイベントには私も必ず行って、「成功への秘訣」を君たちが学ぶ手助けをするつもりだ。だが、適切に行動し、成功への秘訣を人にも教える責任を果たすという決断を、今ここで下さなくてはならない。しっかり決断して、人生最大の成功を享受しようではないか。そうでなければ、毎年大金を稼ぐなど到底無理な誰かのアドバイスを真に受けて従うことになる。トップレベルの成功を収めたいなら、成功者の足跡をたどること。これこそ、私が実践したことだ。そのお陰で私が今どんな生活をしているかを見て欲しい！

君たちの努力にお礼を言いたい。今すぐ、自分の夢をつかみ取ろう！

今年アンビット社で本気で働かないとしたら、それは「人生最大の経済的過ち」になるかもしれない。だが選択するのは君自身だ。

凄く大きなことが始まろうとしている！

さて、この過去最高のプロモーションも最後の週を迎えた。アンビット社は、ペンシルベニア州フィラデルフィア市に新規拠点を開設しただけでなく、テキサス州ではトリプルボーナスを、また、ダブルボーナスをあらゆる地域で設定している。こんなプロモーションは珍しいが、特に新しい州での事業開始と時期が重なったから、なおさらだ。私はアンビット社への参加を決心したこと、そして事業の構築と集中的な取組みが必要だった数年の間、自分がビジネスに一貫して集中してきて本当に良かったと思っている。この点について、かつて感じたことがないほどの高揚感を今この場で味わっている！これは、積極的拡大の始まりだ。今後数か月間、いや数年間は膨大な数の、現金を手にした億万長者がアンビット社から生まれることだろう。これほど絶好な機会は今までなかった。

アンビット社設立後の4年半は厳しく刺激的でストレスに満ち、そしてまた、「成功」を得た期間だった。会社はより大規模な成功に対応できる基礎を作り上げた。わが社は負債が無く、高い利益性を誇り、申し分ないほど健全だ。まさに「アメリカで民間企業として最速の成長企業ナンバー1」と呼ばれる当社は、既に導火線への点火を終え、今やロケットは打ち上げ寸前の状態である。多くの人が、もう十分成功を収めたではないか、と言うかもしれない。私はこれに対し、「今は素晴らしいスタートを切るための立上げが成功し、巨大な土台を築いているところだ！」と答えよう。現在、われわれはMLMの歴史を変えつつあるのと同時に、より大きくより速く成長し、今以上に素晴らしい会社になる体制を整えたところだ。アンビット社は歴史に残る大事業に取り組んでおり、私はその一端を担えることを誇りに思う。当社は成長速度をますます上げ、これまで以上に速いペースで人々を「経済的自由」へと導き始めている。だから、君たちにもぜひこの動きへの参加を勧めたい。

だがまずは、自分の庭を整備しなければならない。つまり、**成功を目指し自分自身を鍛錬しなければ**、成功を逃してしまうということだ。アンビット・エナジー社は、これまで存在した企業の中では、最も速く経済的自由に到達する手段である乗り物を提供しているが、それでも君たちがただその乗り物を見定めたり、試乗してみたり、止まっているところを観察したりするだけだとチャンスを逃す可能性があるのだ。難しいことではないが、そのために必要な基本的スキルが少々ある。良い知らせは、これらの必要なスキルは短期間で独習できるということだ！

第一に、成功して金持ちになることを自分自身に許可しなくてはならない。われわれは皆、「うまくいくはずがない」とか、「われわれには通用しない」などと言われて育ってきたが、そんなことはないのだ。私の親しい友人や家族の中には、「そんなことあてにならない」と言った者もいるが、2、3年というほんの短い間にわれわれの多くは経済的自由を手に入れている。樽の中のカニのように、這い上がろうとする者を引きずり下ろそうとする同僚も時々いる。だから「同病相憐れむ」という格言があるのだ。ノーと言おう！惨めなことに対してだけではなく、自分の可能性を最大限に発揮させない事柄に対してもだ！そして、成功に「イエス」と言おう。ただし、単なる希望とか肯定的な気持ちとかで言うのではなく、「経済的自由を手に入れ、数々の行動を起こすのだ」と、本当にそれが自分のものになる日までゴールに向かって、一貫した「宣言」とともに「イエス」と唱えるのだ！多くの人を助けると宣言すれば、成功はおのずとついてくる。今後数年間で、自分と家族の生活、それも、何代も先までの将来を変えるのだ、と宣言しよう。

次に、君たちは最大限の努力をしなければならない。自分自身のために全力を傾けてきたのだから、今度はアンビット社のために、見込み客のために、そして仲間のコンサルタントのために、全力を注ぐのだ。多くの人を自由にするシステムの一端を担えるように全力を尽くす。成功を手中に収めるまで、精一杯電話をかけ、勧誘し、1日2～3の人に アンビット社のビジネス・オポチュニティ・プレゼンテーションを見てもらおう。有利に働くか、不利に働くかは分からないが、いずれにしても大数の法則は影響を及ぼすのだ。だから、数を味方につける必要がある。一度にではなく、一貫して1日2～3の人をリクルートすれば、途方もなく大きな成果を得ることができるだろう。

ではどのように展開していくかを教えよう。

1) 勧誘した10人のうち7、8人は注意を払うことさえしないだろう。気にしないことだ。あまり多くの時間を間違った対象者に使ってはいけない！

2) 勧誘に対して興味を示した4人のうち1～2人は、ビジネスについてのあらゆる情報を欲しがるくらいに関心を持ち、通常その中の少なくとも1人は、コンサルタントとして登録する。

これらの新人の手助けをして、見込み客のリストを作らせ、数本の電話をかけさせよう。最初の報酬を得るのを助け、トレーニングを受ける手助けをすれば、君は自分のゴールへの道を順調に進むことになる。

何人かがペースを落としたり仕事をやめたりしたら（当然そうなるだろうが）、成果を上げている者に時間を使うのだ。**助けてもらいたがる人ではなく、助けるだけの価値がある人と一緒に仕事をせよ！**

チームの管理がリクルートを継続する妨げになってはならない。先頭に立って指揮をせよ。手本となれ。毎日の仕事の終わりに自分自身に聞いてみよう。「私と同じようにチーム全体がやってくれたのなら、素晴らしい日だったじゃないか」と。もしそうでなければ、「明日はもっと上手くやるぞ！」と言明するのだ。

リーダーを育成することに力を注げば、そのリーダーたちは君のために大金を稼いでくれるのだ。この業界のように、自分の持っている最高のスキルを他人に教え、そこから得られる豊かさを分かち合うことで報酬が得られるという、素晴らしいメカニズムを備えているところは他にない。いつでもまず与えよ、そして、受け取るよりいっそう多くの価値を与えるよう努力するのだ。

そう、君にもできる！

今すぐ行動を起こそう！われわれが関わろうが関わらなかろうが、ものごとは起こる。選ぶのは君自身だ。成功を素早く手に入れる者がいる一方、それ以外の者は時間がかかるだろう。だが、失敗するのは諦めた者だけなのだ。

夢中になれ、集中せよ、そして絶対諦めるな！

自分のために休日を役立てよう

感謝を捧げるのに素晴らしい時節、いかがお過ごしだろうか。

アンビット社にとってここ2～3年は素晴らしい年だった。われわれ全員にとってこの期間は刺激的だったが、それはわがチームがアンビット社においてだけでなく、この業界の革命のパイオニアとして活躍してきたからだ。そして今、われわれは地固めをほぼ終えようとしている。だから、これからは「一から始める」気概ある新メンバーと一緒に働く準備をしようではないか（地固めはほぼ終わっているのだ）。

そう、その通り。過去2年少々の間に参加した人数より、さらに多くの人が来年はアンビット社に参加することだろう。劇的と言えるくらい大人数となる！これらの新人コンサルタントが加わるのは、リーダー自身が夢中になり、集中して取り組み、決して諦めないチームだ。「大一番」がまさに始まろうとしている今は、これまでの実績にあぐらをかいて休む時ではない。今年は新しいコンサルタントが加わり、素晴らしいチームを構築するだろう、それも急速に！

わが社は今や業界のリーダーだ。だからこそ、マーケットの一部をもぎ取ろうと、この業界に飛びつくように参入する企業がある。だが、大抵は数々の嵐を切り抜け、持続性ある影響力を作り出すだけの財力やマネジメント力を持っていない。一番になるのはいつも刺激的なことだから、新規参入企業は興奮に胸を躍らせているようだが、一番乗りをしたのはアンビット社だということを忘れてはならない！わが社は業界を主導する立場にあり、現在、4つ目の州を開拓しようとしている。自分たちはあっという間に全世界の半分を開拓するだろう、と語る企業があるのは確かだが、そういう発言そのものが企業の管理能力を反映しているのだ。わが社の場合は、組織だった拡大戦略のお陰で、地域地域に着実に影響力を伸ばすことが可能なのだ。ここでの注意点は、「可能になる」のであって、「与えられる」のではないということだ。

大きな成功を収めるには、重点的な取り組みが必要だ。君もナンバーワンになることを選択したのだから、一貫して目標に照準を合わせ、自らの成功を探り当てるのだ。会社を渡り歩くたびに、一からやり直さなければならないが、唯一保証されているのは、アンビット社には、この時代の厳しい経済状況を乗り越えるだけの資金力があるということだ。この経済的に困難な状況を切り抜けるためには、盤石な資金力とともに、会長のジェリー・トンプソン・ジュニアと社長のクリス・チャンブレスの指導力が必要だ。私が下した正しい選択と、**「誰にも私が全力を注ぐものを奪うことはできない」**という事実に大きな満足を感じている。おめでとう。私と同じように、誰もが欲しがるものを持っている会社に君たちも参加しているのだから！

しかも、会社は電気と天然ガスを扱っているのだ！

さて、われわれは感謝祭から年末にかけての休暇シーズンを迎えている。確かに「感謝を捧げる」時期だが、休む時ではない。なぜ私がこんなことを言うかだって？MLM業界全体が、感謝祭から年末にかけて著しく活動を減速させるのは事実ではないだろうか？そう、確かに減速するのだ。だがそれは、スペースシャトルの建築が宇宙開発を減速させる時期だと言うようなものだ。積極的に仕事に取り組んでいるコンサルタントは、今から新年の1月に起こる現象、つまり、「MLM業界が最も急速に業績を伸ばす時」に備えて、最大限の成果を上げる最適なポジションに着けるように準備している。このことを知って、今すぐ行動を起こせば、君も非常に有利なスタートを切ることができるだろう。私の場合はこれが功を奏したのだ！

その通り。私がアンビット社の下で、ビジネスを開始したのは、活動が一番低調になる時期と考えられている11月から12月にかけてだった。休暇シーズン中に行った数々の取り組みによって、翌年に著しい成長を遂げるのに最適なポジションを得ることができた。他の人が「活動の停滞期」が終わるのを待っている間に、私のビジネスは力強い推進力を得たのだ。私が「高所得者」リストに載るほどの大成功を収めたのは、このお陰だと思っている。他の人が活動をセーブしている間に、スピードを上げるのだ！他の人たちがスピードを上げたら、君が擁する大集団はその勢いをうまく利用できるだろう。**それに、大成功はもっぱら推進力を得るということなのだ！**

あなたが成功を収めれば収めるほど、より多くの会社が連絡してくるだろう。プロのスポーツ選手になるようなものだ。どんなチームでも、とりわけ弱いチームは、「プロ」を自分のチームに加えたいと思うものだ。「勝ち目のないチーム」のリーダーになる可能性がある場所に連れて行かれないよう、気を付けなくてはならない。プロのスポーツ選手は、移籍に伴い何百万ドルももらえるので時々そうするが、自分のキャリアは短く、引退すれば収入がなくなることも知っている。われわれの場合は、これから何十年も成長することができるのだ。そして、勝ち組と証明されたアンビット社と仕事を続けたならば、それほど頻繁に仕事をしなくなってからも、何年もの間報酬を得られるのだ。

現在の私のゴールは、私が収めてきたような成功を味わえるよう、できるだけたくさんの人を支援することだ。なぜなら私がこの成功を享受できるのは、そうした人たちのお陰なのだから。だがこの成功は努力無しには得られない。この2年間、人生においてかつてないほど懸命に働いた。わずかな期間、多くの活動をあきらめなくてはならなかったが、今や尽きることのない恩恵を受けている。今までよりもっと高いレベルの成功を得るのに必要なことを、君は喜んでするつもりがあるだろうか。それとも活動のペースを落とし、月並みな成果を招くつもりだろうか？

アンビット社で知り合い、過去2年間にわたり一緒に仕事をした多くの新しい友人に感謝を捧げたい。そして、たくさんの新しい人々と出会うことを、また、その何人かが優秀なリーダーになるのを目にすることを心待ちにしている。こうした選択ができるのは誰か、君には分かるだろうか？

それでは、良い感謝祭を。君たち全員に、この国に、そしてわれわれが暮らしているこの世界に感謝している。なお、「アンビット社が成功していること」にも感謝しており、この事実を軽く扱うつもりはない。頂上にはまだまだ余裕がある。だから、混雑した麓の地を抜け出して高みを目指すよう、隣人にも手を貸して、一緒に山を登ろうではないか。

夏の停滞期

何年も前から「夏の停滞期」については聞いている。MLMだけでなく、保険業界で働いていた時もそうだった。この「言い訳」がこんなに広く行きわたっていることが驚きだ！数年前、私はこのトレンドへの抵抗策を講じ、どう変わるかを見てみようと決心した。そして、その甲斐があった！

アンビット社が2年ほど前の6月1日にニューヨークでの事業展開を開始した際、2〜3週間にわたり、立て続けに仕事をこなさなければならない時期があった。その時、出張中のアンビット社のリーダーのほとんどが、夏は家でのんびりしようと考えているのが見て取れた。だが、私はそうはせず、逆に一層活発に活動したのだ。その夏は、一週間おきにニューヨーク市に滞在し、可能な限り誰とでも会って仕事をした。ニューヨークに行かない週も、休まずにテキサスの周辺を「巡業」して回り、同じことを繰り返した。ひどくきついことに見えたし、誰もが私の行動を疑問視した上、いかに一所懸命私が働いているかを物笑いの種にさえした。結局のところ、それは「夏の停滞期」だったのだ。

この経験の後、私はアンビット社主催の「アンビション・コンファレンス」に参加したのだが、どの参加者よりも大きなチームを有する「高額所得者」の一人であった。もちろん、「アンビション・コンファレンス」では、さまざまな発表があり、トレーニングが実施され、熱気に包まれており、爆発的な推進力と活動が会社全体で起こったのは確かだ。それはレバレッジが働いた瞬間だ。私のチームが「夏の停滞期」も一心不乱に働いたおかげで、秋には爆発的な伸びを示した。その年の11月、私は生まれて初めて、ひと月に10万ドル以上稼いだ。たまたまだろうって？偶然の一致じゃないかって？そうは思わない。私の親友が良く言っているように、「成功は選択の結果」なのだ。われわれは適切な選択をした。そして「夏の停滞期」の波に抗いながら数か月間激務をこなし、私は経済的に自由になったのだ。

「決心しないこと」もある種の「決心」だ！誰だって夏のスポーツやレジャーは大好きだが、われわれが関わるこのビジネスで、後で全てを手に入れるために、ほんの一時期何かを諦めるのは当然だ。最初の部分をサボって、「経済的自由」にたどり着くことなどできるわけがない。もし、アンビット社のプレゼンテーションをしようか、それとも野球の試合、ピクニック、夏のちょっとした遠出などを計画しようかと迷っているなら、もう一度良く考えて見よう。その選択に対する実際の長期的代償は何だろう？数年前、友人と約束した夏のちょっとした遠出をやめるという選択を何回かしたことがあったが、今の私は、自宅のプールで過ごすか、自分が所有する大牧場か、あるいはどこか素晴らしいところに自家用機でひとっ飛びするかで迷っている。この数年間で君の場合は何が変わっただろうか？これから数年後に、どんな生活を送りたいと思っているだろうか？

夏を楽しんでも、行き当たりばったりではだめだ。計画をしっかり立て、自分の将来を一番に考えよう。まずはアンビット社の仕事のスケジュールを全力でこなし、それから空いている時間で夏のレジャーを楽しむことだ。自分の将来が後回しにならないよう、まず自らが代償を払う。他の人が遊んでいても、自分は奮闘し働き続けてきたことに大変満足している。おかげで私の人生は永久に変わったのだ。

アンビット社のビジネスで君たちが幸運をつかむことを祈っている。成功の秘訣には幸運というものはあまりないので、しっかりプランを立て、それを守ることで成功をつかみ取るのだ！起こるのを期待するのではなく、「自分で起こす」のだ！やってみて、失敗し、再度挑戦し、そして成功すること。これが「成功の秘訣」だ。

追伸：多くの人は私が、社長のクリスとCEOのジェリーから直接アンビット社に招かれた10人のうちの一人ではないことを知らない。実際、レベル3に加わったのはそれから2、3か月後のことだった。私は自分に

「頂点に立ちたいか、高額所得者のリストに載りたいか」と聞いてみることにした。そして、「そうだ、そうなりたい」と自分に言い聞かせ、それ以来、全力で取り組んできた。だから、君にもできる！

なんと刺激的な時代だろう

アンビット社で仕事をするわれわれにとって、何と刺激的な時代だろうか。わが社の業務高は既に「アンビション・コンファレンス」時の倍以上に達し、今もその勢いを加速しつつある。アンビットで仕事をするなら、その「推進力」や「ダブルボーナス／トリプルボーナス」を最大限活用するためにできる限りのことをすべきだし、アンビション・コンファレンスに参加したのなら、レベルアップボーナスも期待できる！

私がアンビット社でのビジネスに携わって、来月で6周年目を迎える。これまでのキャリアで成功を収めたことは他にもあったが、この会社での成功ほど目覚ましいものはなかった。いつも自分の選択が正しかったわけではないが、常に仕事に取り組み、失敗を積み重ねた結果が知識やスキルの習得、そして成功につながってきた。正しい選択をするのは一度で十分だ。そして、アンビット・エナジー社を選んだということは、正しい選択をしたということになる。自分の経験から言って、このようなチャンスは多分もう二度とないだろう。だから、この会社に巡り合えたのは、本当に恵まれている。数々の行動を起こすことは、人生で自分の夢を実現することだ。これからの数年間何をするかで、自分の家族の生活を何世代にもわたって変えることになるのだ（そしてわれわれの多くにとって、既にそれが現実となっている）。

このブログを今、わが社が西海岸に拠点を開き、第5回「アンビション・コンファレンス」が開催された後に書いている。西海岸への進出は全国制覇の最初の一歩だ。君たち一人一人が、他の人も高い目標を目指せるように助けながら、私が今享受しているこの喜びと成功を手に入れることができるよう、心から願っている。**このチャンスを見過ごしてはならない**。毎日の小さな努力が劇的な変化を引き起こす。数々の行動を数年にわたり起こし続けることで、君の人生は全く違う方向へと動き始めるだろう。自分の人生はたった今、自分の手中にあるのだ。だからこそ、今すぐ行動しなくてはならない！

私は、いつも変わることなく受けている恩恵に対してや、それを可能にしてくれた何千もの人々に対して、さらに私と一緒にこうした恩恵を今享受している人に対して、毎日感謝の念を忘れることはない。仲間にはこのビジネスにおけるキャリアの終盤期にさしかかっている人もいる。真剣に達成しようと思えば、夢は本当に速く叶うのだ。大多数の人にとって、太陽は今、昇ろうとしている。チャンスをつかみ取ろう。チャンスを自分のものにするのだ。他人がしたがらないことを今日すれば、他の人にはない明日が君の目の前に開けるだろう。

私はすぐにも行動が起こせるよう態勢を整え、今年が最高の年になるよう支援しようと思っている。ビジネス人生において、この時を夢に見て、目標にして長いこと働いてきた。その時が目の前に来ている。そう、目前に。私についてくれば、何千人もの人生を変えることになる。

このチャンスを見逃す人もいるだろう。多くの人はチャンスが過ぎるのをただ見ているだけだろう。そして、チャンスをものにする人もいるだろう。選ぶのは君だ。

「アンビット王国」のあちこちでお目にかかれるのを楽しみにしている。

夢中になれ。　集中せよ。　そして絶対諦めるな！

24

あなたへの心からの願い

本書を通して、私にお付き合いいただいたことに、心から感謝する。本書には、私の夢を叶える助けとなった実生活に役立つ情報が詰まっている。私の人生から得た情報や逸話が、あなたの夢を叶える上で、何らかの助けになることが私の願いだ。

どうかここに書いてあるアイデアを、ビジネスで自分のためだけに使わないで欲しい。これらのアイデアを、あなたがこれまでに学んだ一番有意義なことと一緒に、人々と共有して欲しいのだ。自分が持っている最高の知識やアイデア、あるいは最高のビジネスの手法やスキルを人に提供して共有すれば、それは何倍にもなって自分に戻ってくるのだ。波が高ければ全ての船が持ち上がるが、私たちも一斉に行動すれば、何百万もの人を引き上げることができる。

たくさんの人々から、そして彼らが惜しみなく分かち合ってくれたさまざまな事から、私は多くの恩恵を受けた。私は人の生活に良い影響を及ぼす力に恵まれており、それを有り難く思っているが、同時にこの力を分かち合い、これまで受けた恩恵を他の人に与えることで借りを返していく責任も感じている。成功というゴールを共有し、目の前にある素晴らしい旅にあなたも参加してくれることを願っている。なぜなら、この旅であなたは自分なりの「成功者の視点」を持てるよう、成長していくのだから。

www.ingramcontent.com/pod-product-compliance
Lightning Source LLC
Chambersburg PA
CBHW071306220526
45468CB00001B/283
9781974532216